Zur Freiheit gebunden

Konkrete Liturgie

Stefan Scholz

Zur Freiheit gebunden

Trauungsgottesdienste mit zeitgemäßen Ansprachen

Verlag Friedrich Pustet
Regensburg

Bibliografische Information Der Deutschen Bibliothek
Die Deutsche Bibliothek verzeichnet diese Publikation in der Deutschen Nationalbibliografie; detaillierte bibliografische Daten sind im Internet über http://dnb.ddb.de abrufbar.

ISBN 3-7917-1878-9

Umschlaggestaltung: Martin Veicht, Cornelia Hofmann, Regensburg
Gesamtherstellung: Friedrich Pustet, Regensburg
Printed in Germany 2004

*Stellvertretend für alle Brautpaare,
deren Eheschließung ich assistieren durfte,
seien diese Texte
Eva und Uwe Brandes und Christina und Michael Thurn
gewidmet.*

Inhalt

vor dem Predigen ein Wort

Kasualien wie Trauungen stehen in der Gefahr, mit drei bis vier feststehenden Schemata bepredigt zu werden. Zum hundertsten Mal 1 Kor 12,31–13,8; was gibt es da noch Neues zu sagen?

Ich habe gute Erfahrungen damit gemacht, je nach Lebenssituation der Brautleute die ganze Heilige Schrift als Bezugsquelle für die Predigt zu nutzen und mich nicht auf die Perikopen festlegen zu lassen, die explizit das Wort „Liebe“ oder „Hochzeit“ enthalten. Auch diese Predigten weisen Schemata auf, allerdings in einer größeren Variationsbreite.

Des Weiteren hat sich mir bewährt, die Predigt nicht exklusiv auf das Brautpaar zuzuschneiden. In Sachen Ehe und Partnerschaft unterstelle ich ihnen, nicht mir, dass sie Experten sind und ich ihnen nicht erklären muss, wie Ehe funktioniert oder was Liebe ist. Die meisten hier vorliegenden Predigten richten sich an die ganze zur Hochzeit versammelte Gemeinde. Jeder lebt aus der Liebe, nicht nur das Brautpaar. Diese Sichtweise eröffnet mir eine reichhaltigere Themenpalette für das Predigen im Kontext der Trauung.

Ein Letztes: Viele Liebesbeziehungen haben dramatische oder besondere Vorgeschichten. Lassen sich biblische Texte ihnen zuordnen, kommen diese Dramen zu Wort, ohne explizit ausgewalzt werden zu müssen. Manche Predigt in diesem Bändchen ist der üblichen Hochzeitslaune gegen den Strich gebürstet. Meiner Erfahrung nach ist auch eine Hochzeitsgesellschaft eher bereit, sich durch unkonventionelle Gedanken herausfordern zu lassen, denn Allgemeines über die Liebe und Schwänke aus dem Leben der Brautleute über sich ergossen zu sehen. Wenn die Texte Anregung zu eigenem Experimentieren auf dem Feld der Kasualpredigt bieten, haben sie ihren Zweck erfüllt.

an der Liebe gemessen

Einführung Der Apostel Paulus singt das Hohe Lied der Liebe für die Höhen und Tiefen der Christen in Korinth. Um Höhen und Tiefen eurer Liebe wisst auch ihr. Was euch getragen hat in der Achterbahnfahrt des Lebens: das Vertrauen in Gottes Liebe.

Gebet Gott, deine Macht reicht weiter als unser Vermögen, wo wir aufgeben, da bist du noch lange nicht am Ende. Deiner Liebe vertrauen sich X und Y an. Erfülle an ihnen deine Verheißungen und gib ihnen aus der Liebe Freude am Leben durch Christus, unseren Herrn.

Lesung 1 Kor 12,31–13,13

Predigt
Eine fitte Gemeinde, die Christen in Korinth. Jeder Bischof würde sich alle Finger danach lecken, solch eine Pfarrei in seiner Diözese zu haben. Was die nicht alles haben: Begnadete Katecheten, Therapeuten, Geistheiler, Verwaltungsgenies, fähige Gemeindeleiter, geistliche Begleiter, prophetische Mahner, sozial Engagierte – lebendige Gemeinde vom Feinsten. Und doch ist der Wurm drin.

Können und Wissen bedeutet Macht. Da gibt es einige, die den Ton angeben. Mit ihren Fähigkeiten stehen sie im Mittelpunkt des Gemeindelebens. Wäre auch nicht weiter schlimm, wenn sie nicht dächten: Wir sind die *Kings*. Wir haben die Weisheit mit Löffeln gefressen. Sie buttern die anderen unter. Kein Platz mehr für solche, die nicht auf ihrer Linie schwimmen.

Das hat die Gemeinde gespalten. Wer der Größte ist, darum wird es immer Gerangel geben. Wonach bemisst sich Größe?

Paulus antwortet: Nicht danach, wie viel man hat oder wie viel man kann. Alleskönner und Vielverdiener sind manchmal arme

Schweine. An der Liebe hängt's: Erster Korintherbrief – das Hohe Lied der Liebe.

Paulus spricht nicht zu Frischverliebten, er spricht in die verkorkste Lage der Gemeinde zu Korinth. Dort machen sich die einen groß, indem sie die anderen klein halten. Sie schneiden sich ins eigene Fleisch. Sie leben in ständiger Furcht, es könnte einer kommen, der sie als Platzhirsch vertreibt. Das Groß-sein-Wollen kettet sie an sich selbst.

Ich darf mir keinen Fehler erlauben. Krank werden, altern, sterben gar? Gott behüte! – Weiß der etwa mehr als ich? Der stiehlt mir die Show. Ihm fliegen die Herzen zu. Sympathischer wirkt er als ich.

Vor lauter Furcht und Sorge kreisen sie um sich selbst. Keiner kommt mehr an sie ran. Ein Teufelskreis.

Von allen wollen sie geliebt sein. Aber sie können sich nicht loslassen, sich nicht verschenken, aus Angst, sich zu verlieren, nicht geliebt zu werden, wenn sie nicht die Größten sind.

Alles Können, alles Wissen, jede noch so gepriesene Gottesgabe: totes Kapital, wenn's ohne Liebe bleibt. Wen die Liebe gepackt hat, der könnte alles drangeben. Er ist frei von dem beständigen Kreisen um sich selbst.

Vernünftig betrachtet, ein Irrsinn. Wirst böse auf die Nase fallen …; benimmst dich wie ein Backfisch …; die Leute lachen schon über dich …

Nur wen's einmal gepackt hat, wer die Grenzen seines kleinen Ichs sprengte – der will nicht mehr zurück ins alte Gleis, auch wenn eine längere Wüstenwanderung ansteht und kein Schlaraffia winkt. Was man auf dem Weg durch die Wüste lernt ist, dass es ohne Liebe nicht geht.

Text

„Ich träumte eines Nachts, ich ging am Meer entlang mit meinem Herrn. Und es entstand vor meinen Augen, Streiflichtern gleich, mein Leben. Nachdem das letzte Bild an uns vorbeigeglitten war, sah ich zurück und stellte fest, dass in den schwersten Zeiten meines Lebens nur eine Spur zu sehen war. Das verwirrte mich sehr und ich wandte mich an den Herrn: ‚Als ich dir damals alles, was ich hatte, übergab, um dir zu folgen, da sagtest du, du würdest immer bei mir sein. Warum hast du mich verlassen, als ich dich so verzweifelt brauchte?‘ Der Herr nahm meine Hand: ‚Geliebtes Kind, nie ließ ich dich allein, schon gar nicht in Zeiten der Angst und Not. Wo du nur ein paar Spuren im Sand erkennst, sei ganz gewiss: Da habe ich dich getragen.‘“

Dankgebet des Brautpaares (anstelle der Fürbitten) GL 24,2

Schlussgebet Unsere Namen hast du, Gott, in deine Hand geschrieben. Führe X und Y durch ihr gemeinsames Leben. Halte fern, was ihnen schadet. Schenke ihnen Menschen, die sie stützen. Über allem und in allem sei du ihr Halt und ihre Kraft. Durch Christus, unseren Herrn.

banal – wunderbar

Einführung Eure Liebe – sie kennt Hoch-Zeiten und Alltägliches. Bewährt hat sie sich im Kleinen, deshalb kann sie jetzt ein großes Versprechen wagen.

Gebet Gott, unser Herr,
über lange Zeiten haben X und Y sich kennen und lieben gelernt. Aus der Freude über die gelingende Gemeinschaft zwischen ihnen bitten wir dich: Lass sie in der Kraft dieser Liebe die großen und kleinen Herausforderungen ihres gemeinsamen Lebens bestehen. Darum bitten wir durch Christus, unseren Herren.

Lesung 1 Kor 12,31–13,8

Predigt

Das Hochzeitsübliche: festliche Musik, beswingte Lieder, dazu wie bei fast allen Hochzeiten: Paulus, erster Korintherbrief, ein Loblied auf die Liebe. Eine frohgestimmte Hochzeitsgesellschaft, der Pfarrer schwelgt im Gefühl und säuselt mit sanfter Stimme Bedenkliches zum Thema Liebe. So hätte man's gern.

Doch der Pfarrer weigert sich zu predigen, weil's vor ihm schon ein anderer viel besser getan hat.

Darf ich vorstellen, den Prediger des heutigen Tages: Wolfgang Ambros.

Da es mir an Talent gebricht, Dialekte zu imitieren, kann ich die bairische Originalfassung nur hochdeutsch wiedergeben, wohl wissend, dass viel Flair dieser Predigt dabei den Bach runtergeht.

Ob man so einen Balladenfritzen und Kabarettisten denn predigen lassen dürfe? Noch dazu, wo dieser Bazi nicht ein einziges Mal das Wort „Gott“ in den Mund nimmt? Weiß Gott, ob der Ambros den Paulus gekannt hat.

Der Paulus hat was von der Liebe verstanden, der Ambros anscheinend auch:

„Wir lachen viel, wir streiten oft –
wir fliegen über's Meer.
Wir wissen haargenau, wenn's genug ist –
doch immer wollen wir mehr.
Wir sind uns manchmal völlig fremd –
doch froh, dass wir uns haben.
Wir haben uns und haben uns gern –
und langsam wachsen wir zusammen.
Wir sehen uns oft zwei Monate nicht –
das ist halt so, das gehört dazu.
Doch wir riskieren nichts, wir prüfen uns täglich –
wir lassen uns keine Ruh.
Manchmal treiben wir es furchtbar wild –
doch meistens ganz normal,
Und manchmal sind wir direkt fromm –
manchmal sind wir unausstehlich
und langsam wachsen wir zusammen.
Wir machen zwar meistens dasselbe –
doch selten nur denken wir das Gleiche.
Und wenn du willst, verwunderst du mich –
jeden Tag aufs Neue.
Man bildet sich ein, das, was man hat,
ist das, was man nimmt.
Und dass wir zwei uns bekommen haben –
war größtenteils bestimmt.
Wir bleiben zusammen, solange wir wollen
und solange wir uns was geben.
Und irgendwie glaube ich, ich spüre,
es wird sein fürs ganze Leben.
Manchmal ist alles einfach, und dann wieder nicht.
Und manchmal ist es einfach ein Traum –
doch eigentlich ist es unbeschreiblich,
Und langsam wachsen wir zusammen."

Unbeschreiblich, die Liebe:
Banal und wunderbar,
ekstatisch und alltäglich,
mimosenhaft – nicht totzukriegen,
leidet unter jeder Trennung – hält jeder Trennung stand,
ganz nah – ganz fremd:
Liebeswirklichkeit.

Paulus kannte sie: Langmütig, freundlich, erträgt alles, glaubt alles, hofft alles, duldet alles, hört niemals auf – die Liebe. Ist über lange Jahre gewachsen, lässt euch wachsen, langsam, zusammen.

Bitten Gütiger Gott, höre unsere Bitten:

- Die Liebe ist langmütig. Lass uns einander ertragen.
- Die Liebe ist freundlich. Viele Menschen mögen sich unseres Wohlwollens erfreuen.
- Die Liebe erträgt alles. Schenke uns Hoffnung in schweren Zeiten.
- Die Liebe glaubt alles. Erhalte uns ein kindliches Vertrauen.
- Die Liebe hofft alles. Unser Leben sei nie arm an Visionen und Zielen.
- Die Liebe duldet alles. Bewahre uns vor den Versuchungen zur Ungerechtigkeit.
- Die Liebe hört niemals auf. Schenke der Ehe von X und Y lebenslang Bestand.

Schlussgebet MB 306, Nr. 5

der Unbekannte an meiner Seite

Einführung „Wie ein altes Ehepaar benehmt ihr euch!" – manche frotzeln über ein Paar, das sich anscheinend in- und auswendig kennt. Die Liebe hält Mann und Frau in Spannung. Man kennt einander und ist sich fremd. Löst sich dieses Gespanntsein nach der einen oder anderen Seite auf, hat man nicht mehr Liebe, sondern Herrschaft oder Einsamkeit.

Gebet Gott, unser Vater,
mit tausend Worten und Bildern suchen wir auszudrücken, wer du bist und was du uns bedeutest. Du bist uns näher als wir uns selbst es sind, und du bist ferner als der fernste Planet. Wir bitten für X und Y, dass sie durch die Liebe einander näher kommen und liebend das Geheimnis des anderen achten, damit ihre Liebe lebendig bleibe durch Christus, unseren Herrn.

Lesung Gen 2,18–3,24

Text vor der Predigt
Wer kennt wen?
von Bertolt Brecht

„Herr Keuner befragte zwei Frauen über ihren Mann.
Die eine gab folgende Auskunft:
‚Ich habe zwanzig Jahre mit ihm gelebt.
Wir schliefen in einem Zimmer und auf einem Bett.
Wir aßen die Mahlzeiten zusammen.
Er erzählte mir alle seine Geschäfte.
Ich lernte seine Eltern kennen und verkehrte mit allen seinen Freunden.

Ich wusste alle seine Krankheiten,
die er selbst wusste, und einige mehr.
Von allen, die ihn kennen, kenne ich ihn am besten.‘
‚Kennst du ihn also?‘ fragte Herr Keuner.
‚Ich kenne ihn‘.
Herr Keuner fragte noch eine andere Frau nach ihrem Mann.
Die gab folgende Auskunft:
‚Er kam oft längere Zeit nicht,
und ich wusste nie, ob er wiederkommen würde.
Seit einem Jahr ist er nicht mehr gekommen.
Ich weiß nicht,
ob er wiederkommen wird.
Ich weiß nicht,
ob er aus guten Häusern kommt oder aus den Hafengassen.
Es ist ein gutes Haus, in dem ich wohne.
Ob er zu mir auch in ein schlechtes käme, wer weiß es?
Er erzählt nichts,
er spricht mit mir nur von meinen Angelegenheiten.
Diese kennt er genau.
Ich weiß, was er sagt, weiß ich es?
Wenn er kommt, hat er manchmal Hunger, manchmal aber ist er satt.
Aber er isst nicht immer, wenn er Hunger hat,
und wenn er satt ist, lehnt er eine Mahlzeit nicht ab.
Einmal kam er mit einer Wunde. Ich verband sie ihm.
Einmal wurde er hereingetragen.
Einmal jagte er alle Leute aus meinem Haus.
Wenn ich ihn ‚dunkler Herr‘ nenne, lacht er und sagt:
Was weg ist, ist dunkel,
was aber da ist, ist hell.
Manchmal aber wird er finster über diese Anrede.
Ich weiß nicht, ob ich ihn liebe. Ich …‘
‚Sprich nicht weiter‘, sagte Herr Keuner hastig.
‚Ich sehe, du kennst ihn.
Mehr kennt kein Mensch den anderen, als du ihn.‘“

Predigt
Ein Mensch.
Er kennt sich nicht.
Er ist allein.
Er braucht jemanden.
Gefährlich, gebraucht zu werden.
Dinge werden gebraucht.
Ein Mensch ist kein Ding.
Trotzdem – einer braucht einen anderen, um sich zu kennen.
Der Mensch schafft sich nicht den Menschen, den er braucht.
Gott schafft den Menschen.
Er bildet die Frau.
Erst durch die Frau erkennt der andere sich als Mann.
Im Mann erkennt sich die andere als Frau.
Sie brauchen einander.
Sie haben sich aber nicht selbst gemacht.
Dass sie sich kennen, verdanken sie Gott.
Die Frau ist nicht Eigentum des Mannes,
der Mann kein Ding der Frau.
Wer kennt wen?
Adam hätte gewiss für Eva die Hand ins Feuer gelegt.
Eva hätte gewiss geantwortet:
Adam? Na klar, den kenne ich.
Kannten sie sich?
Sie lernen sich von einer Seite kennen,
wie sie sich bisher nicht gekannt hatten.
Sie brauchen einander.
Auf Gedeih und Verderb sind sie aufeinander angewiesen.
Doch Adam hat Eva nicht gemacht,
Eva hat Adam nicht gemacht.
Gott hat's getan.
Hat er's richtig gemacht?
Kenne ich mich?, fragt sich der Mensch.
Er bekam es mit der Angst zu tun.
Er kennt sich nicht.
Er muss vertrauen.
Gott vertrauen, Adam vertrauen ..., Eva vertrauen ...?
Das packt er nicht.
Lieber auf Nummer sicher gehen.

Selbst machen. Wie Gott sein.
Ich brauche den anderen,
ich kann erst in Frieden leben,
wenn ich mich meines Partners vergewissert habe,
hundertprozentig.
Ich brauche Gott.
Um wie viel beruhigender wäre es,
ich wäre selber Gott,
es ersparte mir Unsicherheit und Angst vor dem Scheitern.
Da machte sich der Mensch zu Gott.
Er machte sich den Menschen, den er brauchte,
um er selbst sein zu können.
Die Folge:
Die Frau verlangt nach dem Mann,
der Mann herrscht über die Frau.
Wer kennt wen?
Wir wollen einander kennen, weil wir uns brauchen.
Kennen wir uns?
Niemand kennt den anderen.
Nur wenige Steinchen eines riesigen Mosaiks
werden uns mit der Zeit in die Hand gegeben.
Widersprüchliche Bilder, kontrastierende Farben.
Gott sei Dank kennen wir uns nicht.
Weil wir uns brauchen,
hätten wir uns schon längst zum Ding gemacht,
das wir besitzen wollen.
Ihr sagt heute ja zum Geheimnis des anderen.

Gebet GL 24,3 *oder*:

Lied GL 617 *oder* GL 295

Schlussgebet MB 311, Nr. 19

fraglos – für immer

Einführung Liebe schwört Treue: Du kannst dich auf mich verlassen, ich verlasse mich auf dich; dazu Gottes Versprechen, uns niemals zu verlassen. Das feiern wir in eurer Liebe, das steht ab heute nicht mehr in Frage, das bleibt heute und immer eine Frage wert.

Tagesgebet Gott, du hast uns geschaffen, du liebst uns, du bist treu. Die Liebe von X und Y ist uns ein sichtbares Zeichen deiner Liebe und Treue. Lehre uns dich erkennen, dich verstehen, dich lieben. Darum bitten wir durch Jesus Christus.
(Variiert nach MB 305, Nr. 2)

Vor der Lesung
Fragen und Antworten
von Erich Fried

Wo sie wohnt?
Im Haus neben der Verzweiflung

Mit wem sie verwandt ist?
Mit dem Tod und der Angst

Wohin sie gehen wird
wenn sie geht?
Niemand weiß das

Von wo sie gekommen ist?
Von ganz nah und ganz weit

Wie lange sie bleiben wird?
Wenn du Glück hast
solange du lebst

Was sie von dir verlangt?
Nichts und alles

Was soll das heißen?
Dass das ein und dasselbe ist

Was gibt sie dir
– oder auch mir – dafür?
Genau soviel wie sie nimmt
Sie behält nichts zurück

Hält sie dich
– oder mich – gefangen
oder gibt sie uns frei?
Es kann uns geschehen
dass sie uns die Freiheit schenkt

Frei sein von ihr
ist das gut oder schlecht?
Es ist das Ärgste
was uns zustoßen kann

Was ist sie eigentlich
und wie kann man sie definieren?
Es heißt dass Gott gesagt hat
dass er sie ist

Lesung 1 Joh 4,16b–19

Predigt
Durch die Liebe wird der Mensch Mensch.
Wird die Liebe fraglich,
wird das Menschsein fragwürdig.
Das geht an die Substanz.
Deshalb:
Du liebst mich,
ich liebe dich.
Punkt, aus und Schluss.
Das stelle niemand mehr in Frage.
Gott liebt jeden Menschen,
Gott ist Liebe,
gar keine Frage.
Die Definition weist jeden Zweifel in die Schranken.
Gott ist Liebe,

Mensch liebt Mensch.
Fraglos, sicher,
darauf lässt sich bauen.
Bei aller Liebe,
die Fragen bleiben.
Nichts stärkeres als die Liebe,
durch nichts wird der Liebende stärker geschwächt
als durch enttäuschte Liebe.
„Wo sie wohnt?
Im Haus neben der Verzweiflung."
Nichts Erfüllenderes als die Liebe:
Mit Verstand und Herz und Geist und Körper ganz beim anderen sein.
Selbstvergessen sich selbst sterben
ohne einklagbaren Anspruch,
sich durch den Geliebten auch wieder geschenkt zu bekommen:
„Mit wem sie verwandt ist?
Mit dem Tod und der Angst."
Liebe aus Furcht ist keine Liebe.
Die Furcht sitzt der Liebe im Nacken:
Bleibe ich dein Liebstes?
Was kann ich tun,
dass du mich liebst?
Wie muss ich sein,
dass ich deiner Liebe würdig bleibe?
„Was sie von dir verlangt?
Nichts und alles."
Nichts – sei nur du selbst.
Alles – sei du selbst.
Gott liebt mich,
Gott liebt dich,
ich liebe dich,
du liebst mich,
du liebt Gott,
ich liebt Gott.
Das gilt fraglos für immer,
das bleibt immer fragwürdig.
Gott sei Dank,
um der Liebe willen:

„Frei sein von ihr,
ist das gut oder schlecht?
Es ist das Ärgste,
was uns zustoßen kann."
Beginnt man aus Liebe
zu definieren, festzuhalten, zu klammern, sich rückzuversichern –
aus ist's mit der Liebe,
Mensch werden unmöglich,
Gott ehren – so nicht.
„Wohin sie gehen wird,
wenn sie geht?
Niemand weiß es.
Von wo sie gekommen ist?
Von ganz nahe oder ganz weit."
Solange der Geliebte dem Liebenden noch eine Frage wert ist,
ist noch Liebe.
Solange man um Gottes Liebe ringt,
ist der Glaube an ihn noch lebendig.
„Was ist sie eigentlich
und wie kann man sie definieren?
Es heißt,
dass Gott gesagt hat,
dass er sie ist."
„Wo Gott wohnt?
Mit wem er verwandt ist?
Wohin er gehen wird,
von wo er gekommen ist?
Wie lange er bleiben wird,
was er von Dir verlangt?
Was er dir gibt,
was er dir nimmt?
Ob er dich gefangenhält,
oder ob du ohne ihn leben kannst?"
Auf diese Fragen gelten die gleichen Antworten,
wie für die Liebe.
Nicht zu Definierendes wird
durch nicht zu Definierendes definiert
und bleibt so fraglos lebendig.

Fürbitten

Gott,

- die Liebe stärke Vertrauen zueinander und Achtung voreinander;
- die Liebe entbinde Kräfte zum Dienst füreinander;
- die Liebe binde zur Einheit und befreie zur Verschiedenheit;
- die Liebe erwecke Leben und schlage die Brücke nach dem Tod zu Dir.

Schlussgebet

Gott, himmlischer Vater,
in Jesu Leben und Sterben und durch seine Auferstehung wird die Kraft deiner Liebe sichtbar. Im Glauben an ihn und im Vertrauen auf deine Liebe hilf uns, unser Leben zu bestehen. Darum bitten wir durch ihn, Christus, unseren Herrn.

geträumt – geerdet

Einführung Eine Traumhochzeit feiern – heute wird euch dieser Wunsch erfüllt. Liebe haucht Träumen Leben ein. Kein Märchen, für Liebende Wirklichkeit. In allem Träumen braucht die Liebe Erdung, um ihre Kraft zu entfalten. Von geerdeter Liebe spricht der Apostel Paulus in seinem Brief an die Korinther.

Tagesgebet Gott, unser Vater,
Du bist die Liebe, wir leben aus der Liebe. Sie ist unser größter Reichtum. Lehre uns, aus ihr zu leben und sie einander weiter zu schenken. So werden wir wahrhaft Menschen, wie du aus Liebe zu uns Mensch wurdest in Jesus Christus, deinem Sohn.

Lesung 1 Kor 12,31–13,8

Predigt
Jeder träumt den Traum vom Glück.
Allein geträumt, ein Luftgespinst, nichts mehr.
Bilder tiefer Sehnsucht,
flüchtig wie Nebel beim Erwachen.
Erst wenn die Traumgesichte der Nacht
ihr Ebenbild aus Fleisch und Blut treffen,
die Träume des Liebenden sich seiner des Tags bemächtigen,
sich zwei Träume zu einer ersten Berührung finden
und sich in ein- und demselben Wort ausdrücken,
dann beginnt eine neue Wirklichkeit.
Eure Wirklichkeit.
Wir alle teilen diesen Traum,
sei es als Tagträumer, mit dem geliebten Menschen uns zur Seite,
sei es als sehnsüchtige Nachtträumer,
an unerfüllter Liebe krankend

Ein Blick auf euer Glück sagt mehr als ein Wort.
Wenn schon ein Wort,
dann ein poetisches, ein gesungenes,
das Hohelied der Liebe,
ein Kleinod biblischer Literatur,
entsprungen der Feder des Apostels Paulus.
Und damit:
Aus der Traum!
Nicht Liebenden –
heillos Zerstrittenen
hat Paulus von der Liebe gesungen.
Im Geschacher um Macht und Einfluss,
in eifersüchtiger Rechthaberei,
im Hin und Her um die rechte Deutung der Lehre Jesu
blieb die Liebe auf der Strecke.
Geträumt wurde von anderen Dingen.
Dabei war die Gemeinde in Korinth alles andere als ein lascher Haufen.
Die Talente, die Charismen, die Fähigkeiten, die Intelligenz –
mehr als genug von allem.
Nur – sie verloren ihren gemeinsamen Traum.
Jeder sponn seine eigenen Luftschlösser:
Die Propheten sagten den Amtsträgern:
Rutscht uns den Buckel runter,
wir brauchen euch nicht.
Den Geistheilern waren die Katecheten ein Dorn im Auge.
Die für die Armen Zuständigen fragten sich:
Was nützt uns das Gefasel derer,
die geistbesessen in Zungen reden.
Gleichgesinnte träumten ihren Traum im Ghetto ihrer Gruppe.
Das Wir ihrer Wirklichkeit war eine Auslese
von Menschen ihres Schlages.
Gegen diese vermessenen Luftschlösser singt Paulus an.
Das Hohelied der Liebe –
was uns Anlass zum Träumen ist,
zerstörte in Korinth so manchen Traum.
Wäre ich engelgleich,
wäre ich erkenntnisgesättigt,
wäre ich glaubensfest,

wäre ich selbstlos ohne Grenzen –
fehlte die Liebe,
alles wäre – nichts.
Selbst der Glaube ohne Liebe – nichts.
Selbst der Glaube …
Hier wird ein größerer Traum geträumt,
viel größer,
als er zwischen Zweien Wirklichkeit werden könnte.
Zu diesem Träumen darf man die Augen nicht schließen,
er lässt sich nur wach und nüchtern träumen:
Erträgt alles,
glaubt alles,
hofft alles,
hält allem stand –
die Liebe.
Die Liebe –
langmütig,
gütig,
wahrheitsfroh.
Niemals hört sie auf –
die Liebe.
In der Gefolgschaft Jesu kommt man nie an ein Ende
mit diesem Traum,
weil die Liebe an kein Ende kommt.
Sie ist grenzenlos.
Sie gilt allen Menschen.
Die neue Wirklichkeit,
euch aus Träumen geschenkt,
ist der Beginn einer neuen Wirklichkeit
in einem grenzenlosen WIR.
Solch ein Traum lässt sich nur wachend am Tage träumen.
Er bedarf der Reinigung von jeder Sentimentalität,
denn es ist nicht gesagt,
dass jeder Mensch, gleich dem Geliebten,
zart und achtsam mit der großen Verletzlichkeit des Liebenden
umgehen wird.
Das Hohelied der Liebe ist euch und uns gesungen.
Wieweit wir diesem Traum in uns und zwischen uns
Raum geben werden,

ob es gar der uns verbindende Traum noch ist –
der Traum vom Reich Gottes,
die Vision einer gerechten und friedvollen Welt –
wir Tag- und Nachtträumer –
allein das Maß unserer Liebe weiß darauf Antwort.

Fürbitten

Gütiger Gott, unsere Träume bringen wir vor dich:

- Den Traum, dass die Liebe zwischen X und Y ihnen ein Stück Himmel auf Erden schaffe;
  GL 751,1 als Antwortruf nach jeder Fürbitte
- den Traum, dass die Liebe die Verschiedenheit überbrücke und Verstehen wirke;
- den Traum, dass Liebe zum Teilen verleite und Gerechtigkeit schaffe;
- den Traum, dass du, die Liebe, uns Zukunft schenkst.

Schlussgebet

Vater allen Erbarmens,
das Unmögliche wird möglich durch die Liebe. Jesus hat es uns vorgelebt. Wir danken für das Geschenk menschlicher Liebe. Sie lässt uns deine Liebe erahnen durch Christus, unseren Herrn.

gute Zeiten – schlechte Zeiten

Einführung Was hinter euch liegt – schwere Zeiten. Was vor euch liegt – gute Zeiten, hoffentlich, endlich. Liebe schenkt Hoffnung, Hoffnung gebiert Zuversicht. In den guten Zeiten die Erinnerung an die schlechten nicht zu tilgen, das ist ein Verdienst des Weisheitslehrers Kohelet. Die Frucht dieser Erinnerung ist Weisheit.

Gebet Gott. Schweres wurde X und Y aufgebürdet. In der Kraft ihrer Liebe haben sie getragen, was nicht zu ändern war. Zeige du dich als der Gott, der ihnen Zukunft schenkt, durch Christus, unseren Herrn.

Lesung Koh 3,1–15

Predigt

Man bräuchte ein wenig mehr als die Finger beider Hände, um die Monate zurückzuzählen in eine Zeit, in der sich der Tag heute nicht hätte träumen lassen. Nur wenige Monate Erinnerungsschutt beiseite geräumt, und sie wird wieder lebendig:

eine Zeit, von der man im Nachhinein nicht zu sagen weiß, was es denn für eine Zeit gewesen sein mag, außer, dass man sie so nicht wieder erleben möchte.

Das Vertraute mischte sich bis zur Unkenntlichkeit mit Fremdem, die Hoffnung mit Verzweiflung, Liebe mit Hass, das Stehen zu sich selbst schien nur möglich um den Preis, Schuld auf sich zu laden.

Vor nur wenigen Monaten – eine abenteuerliche, verrückte, bedrohliche Zeit.

Da war nicht mehr sicher, dass es das Leben gut mit einem meint. Das Tasten nach Gott verlor sich in der Weite des Himmels. Der schien so leer wie das eigene Leben. Was ist richtig, was falsch? Eine Geisterbahnfahrt durch die Extreme des Fühlens, ein freier Fall ins Nirgendwo, es wurde geweint und genau so viel gelacht, mit Galgenhumor zog man sich nach Art des Lügenbarons Münchhausen am eigenen Schopf aus dem Sumpf der Traurigkeit, der Kopf wälzte Lasten ohne Pause, Gedanken wurden gedacht und dachten neue Gedanken und kreisten um sich selbst, ohne an ein Ziel zu gelangen, ohne einer Lösung zugeführt worden zu sein.

Arbeit dämmte die Flut der Hirngespinste notdürftig ein.

Wir, verwandt, befreundet, liehen unser Ohr, nahmen in den Arm, redeten gut zu, wagten Deutungen, wussten uns zu guter Letzt selbst keinen Reim zu machen. Wir trösteten mit der Verheißung besserer Zeiten und spürten, dass dieser Trost allzu billig aus unserem Munde floss.

Wir kamen an unsere Grenzen, wo fremdes Leid an eigene Wunden rührte und wir merkten, dass wir uns selbst Antworten schuldig geblieben sind, was denn das für Zeiten seien, in denen es das Leben nicht gut mit uns meint, und was das für ein Gott sei und ob er überhaupt sei, wenn das Leben sich derartig abgründig wendet. So waren auch wir durch eure Lebenskehre in den Bann geschlagen. Für uns galt es, zu warten, bis ein jeder von euch den lösenden Spruch gefunden, der ihn befreite aus der Wirrnis einer Zeit, von der man auch im Nachhinein nicht zu sagen weiß, was es für eine Zeit gewesen war, außer, dass man sie so nicht wieder erleben möchte.

Dass ihr euch gegenseitig aus dem Dornröschenschlaf der Resignation und der Traurigkeit wach küssen würdet, hat auch uns einen Stein vom Herzen fallen lassen und uns versöhnt mit diesem Leben, das sich so unversöhnlich gegen euch gestellt hatte.

Der Tag heute macht die Tage von einst vergessen. Und schon heben wir die Gläser und prosten uns zu; Ende gut, alles gut. Was schert uns das Vergangene?

Unsere Sehnsucht nach einem märchenhaften Ende fordert Vergessen. Sprecht uns also los von der Last jener Zeiten, in denen das Vertraute fremd und das Fremde zum Vertrauten wurde. Die Königskinder haben viel gelitten. Sie haben sich dennoch gefunden, allem Unbill zum Trotz. Also, erzählt uns das Märchen von der großen Liebe. Sagt uns: Alles wird gut.

Ihr gönnt uns kein Hollywood-Happy-End? Warum nicht?

Die Antwort habt ihr einen anderen geben lassen. Ich gestehe euch ehrlich, jener andere ist eher ein Gast auf Beerdigungen denn auf Hochzeiten. Düsternis haftet ihm an, an seiner Sicht der Dinge würgt man, selten sitzt er an freudigen Tagen mit an der Tafel. Ja, Kohelet ist gefürchtet.

Lange Zeit stritt man unter den Gläubigen Israels, ob seine Worte Heilige Worte und der Aufnahme in das Buch der Bücher würdig seien. Zweitausendzweihundert Jahre liegen zwischen Kohelet und uns.

Seine Zeiten sind nicht unsere Zeiten. Was die Brücke schlägt zwischen uns und ihm: das Empfinden der Zeit.

Das Lebensgefühl des Kohelet: Er lebte in einer Zeit, von der er nicht wusste, was für Zeiten das sind. Zeiten, in denen man auf die Frage nach Wahrheit keine eindeutigen Antworten bekommt. Zeiten, in denen Gott zulässt, dass der Ungerechte über den Gerechten triumphiert, der Dumme dem Wissenden überlegen ist, der Skrupellose dem Gewissenhaften das Wasser abgräbt, der, der es nicht verdient hat, von Krankheiten heimgesucht wird, während irgendein Tunichtgut vor Gesundheit nur so strotzt.

Kohelets Zeit war eine Zeit, auf die man sich keinen Reim machen konnte. Deshalb erzählt Kohelet keine Märchen.

Nüchtern bleibt er, widerborstig, ehrlich zu sich, hart. Nicht: Ende gut, alles gut. Nicht: Zeit heilt alle Wunden. Nicht: Vergiss es, es wird schon wieder. Nein. Alles hat seine Zeit. Das Sterben, auch das Töten, das Einreißen, das Weinen wie das Klagen. Umarmungen zu lösen, wegzuwerfen, zu schweigen – auch dazu muss Zeit sein. Eine Zeit zu lieben und eine Zeit zu hassen – ohne das geht's nicht. Das ist unser Leben.

Kohelet spricht keine Kastratensprache. Er erzählt, was er sieht. Er spricht so, wie er es empfindet. Das Leben ist ein Rätsel.

Gott ist ein Rätsel. Das Leben ist pflanzen und ausreißen, töten und heilen, zerreißen und nähen, Krieg und Frieden.

Lieben meint Gefühl und Ekstase und Leidenschaft, Liebe ist auch Banalität, Alltäglichkeit, unspektakulär: Warm wird es erst zu zweien. Die Chance, aufgerichtet zu werden nach einem Fall, ist größer, wenn man zu zweit ist. Einer ist schutzlos. Zu zweien kann man sich besser verteidigen.

Liebe? Ja, aber keine Märchen, kein Vergessen liebloser Zeiten. Statt dessen spricht Kohelet aus, was jeder weiß, sich aber kaum jemand zu sagen getraut:

Wer liebt, in dem schlummert die Bereitschaft zum Hass. Wer das

Leben riskiert, riskiert auch den Tod. Liebe und Hass, Sinn und Unsinn, Hingabe und Leiden sind zwei Seiten ein und derselben Medaille.

Ihr habt nach schweren Zeiten die Münze erneut in die Luft geworfen und sie blieb mit der angenehmen Seite nach oben liegen. Das lässt hoffen, dass noch mehr Würfe so gelingen. Aber das Wissen um die darunter lauernde Kehrseite wird euch nie mehr verlassen. Kohelet ist daran weise geworden.

Leichtere Kost hätte es gegeben in der Heiligen Schrift zum Thema Liebe. Solche, die aus Zeiten auftauchen, von denen man nicht weiß, was für Zeiten das gewesen sind, außer, dass man sie so nicht wieder erleben möchte – was können solche Froheres sagen als: Alles hat seine Zeit.

Fürbitten Die Liebe trägt durch alle Zeiten. Den Herrn der Zeiten bitten wir für X und Y:

- Im Wohlergehen sei du ihre Freude.
- In der Not sei du ihre Zuflucht.
- In Ratlosigkeit sei du Orientierung.
- In der Liebe sei du ihre Erfüllung.
- In der Bedrängnis sei du ihre Stärke.
- Zu allen Zeiten zeige dich in deiner Barmherzigkeit und Treue.

Schlussgebet Gott allen Erbarmens.
Die Liebe trägt uns zu allen Zeiten. Wir danken dir für die Liebe, die X und Y heute zur Ehe zusammengeführt hat. Gewähre ihnen und uns jederzeit einen Zugang zu jener Quelle, aus der wir leben, durch Christus, unseren Herrn.

im Rücken Gottes

Einführung Einen Menschen gefunden zu haben, den man liebt, ist ein großes Glück. Euch wurde es zuteil. Im Sakrament der Ehe feiern wir es. Wo lässt sich Gott finden? Mose hat seine eigenen Erfahrungen diesbezüglich gemacht. Er nimmt uns mit in ein Wechselbad von Gottferne und Nähe Gottes.

Gebet Heiliger Gott.
Du bist unsagbar größer, als wir Menschen begreifen, du wohnst in unzugänglichem Licht, und doch bist du uns nahe. Zusammen mit X und Y stehen wir vor dir. Wir möchten froh werden in deiner Nähe. Das gewähre uns durch Jesus Christus.
(variiert nach MB 306, Nr. 4)

Lesung Ex 33,12–23

Predigt
Zugegeben, Gott, ein schöner Rücken kann auch entzücken.
Doch hätte ich dir lieber ins Angesicht geschaut,
als dich von hinten zu sehen.
Ich möchte dir in die Augen sehen,
wenn du mir in die Hand versprichst,
dass du meine Wege mitgehen wirst.
Warum ich so misstrauisch bin?
Als wenn du das nicht wüsstest!
Wie hast du mir in den Ohren gelegen,
die Fleischtöpfe Ägyptens zu verlassen und
ins gelobte Land zu ziehen.
Von Milch und Honig sprachst du.
Von Gluthitze wurde ich erschlagen und
Sand habe ich geschmeckt.

Du grausamer Gott hast mich in die Wüste gelockt und
dein Antlitz verborgen.
Sitzen gelassen hast du mich.
Und Gnade Gott dem,
der jetzt dieses Geschichtchen aus dem Ärmel zaubert
von den zwei Fußspuren, Gottes und der meinen.
Nur eine, eine einzige Fußspur in den Zeiten,
in denen mir das Wasser bis zum Hals stand.
Und der Gott der Geschichte antwortet
wie eine fromme Betschwester:
Als es dir dreckig ging, da, mein Kind, habe ich dich getragen.
Nein, Gott, so billig kommst du mir nicht davon.
Ich ging allein auf Wüstensand.
Du hattest den Mund zu voll genommen.
Keine Spur von dir.
Kein Wort, kein Lächeln, kein Wohlgeruch,
kein süßer Trost auf der Zunge,
keine zärtliche Berührung, nichts.
Nicht deinem Rücken gilt mein Interesse.
Den kenne ich zur Genüge.
Dein Angesicht, Gott! Lass' mich dich endlich sehen!
Was rede ich mir den Mund fusselig.
Ich hätte es wissen müssen. Du bist der Alte geblieben.
Du lässt dir nicht in die Karten sehen.
Beschattest meine Augen mit deiner Hand.
Gehst vorüber.
Nachblicken darf ich dir. Nicht mehr.
Was klage ich?!
Wenn selbst solch einem Großen wie Mose
nichts anderes als deine rückwärtige Ansicht gewährt wurde …
Gott, du bist ein seltsamer Liebhaber.
Kneifst du, wenn es ernst wird?
So manches Mal habe ich dir schon den Laufpass gegeben.
Die betrogene Braut ist immer wieder zurückgekommen.
Also: Hier bin ich, Gott!
Ich höre deine Liebesschwüre.
Du vernimmst die meinigen.
Und wir beide denken voneinander: Wenn das mal gut geht.
Warum ich diesen Liebesreigen mitspiele?

Um der wenigen Augenblicke willen, in denen ich gewiss war:
Du redest von Angesicht zu Angesicht mit mir,
„wie jemand mit seinem Freund redet“.
Für die Dauer eines Lidschlages war ich eins mit mir, mit dir,
mit allem.
Das Gedankenkarussell stand still.
Die Gefühle hörten auf, sich gegenseitig zu bekriegen.
Öl wurde in meine Wunden gegossen.
Ich war ich.
Die ganze Welt zu umarmen war ich bereit.
Für die Dauer eines Lidschlages
blühte die Wüste, heilte das Verletzte, war alles gut, sehr gut.
Paradiesisch.
Ich habe dich zum Teufel gewünscht.
Ich komme nicht von dir los.
Für die Dauer eines Lidschlages habe ich
durch die Finger deiner Hand geblinzelt
und dein Angesicht gesehen.
Keine Angst, Gott. Dein Geheimnis bleibt gewahrt.
Die Strafe folgte auf dem Fuße.
Ich sah, und doch könnte ich kein Bild von dir zeichnen.
Ich hörte, doch welches Wort könnte aussprechen, was ich hörte?
Was ich fühlte, nie könnte ich es beschreiben.
Was mir auf der Zunge lag, womit vermöchte ich es zu vergleichen?
Mir verschlug es den Atem, dich zu atmen.
Um Bruchteile von Sekunden willen, als ich es wagte,
mehr von dir zu sehen als deinen Rücken,
um dieser Winzigkeit willen,
hast du mich hart gestraft, mein Gott.
Mit Liebe hast du mich geschlagen.
Mach dir ja keine falschen Hoffnungen.
Klein beigeben werde ich auch jetzt nicht.
Und erwarte nicht schnulziges Liebesgesülz von mir.
Ich schwöre dir, Gott:
Beim nächsten Wüstengang
werden wir wieder aneinander geraten. Aber:
Nie werde ich vergessen können, was ich sah,
als ich durch die Finger deiner Hand lugte
und ich mit Liebe geschlagen wurde. Ich weiß:

Ich werde nie von dir loskommen.
Der Richterspruch für meinen Frevel ist hart:
Du hast mich zu deinem Hofnarren gemacht hier auf Erden.
Weil ich von Angesicht zu Angesicht sah,
werde ich selbst dann noch auf Oasen hoffen,
wenn ich im Staub krieche.
Ich werde vom Paradies träumen,
wenn rings um mich man sich die Nasen blutig schlägt.
Ich werde nach dir suchen müssen,
selbst denen zum Trotz,
die gute Argumente ins Feld führen,
dass du schon längst gestorben seiest.
Die Gesichter der Menschen werde ich erforschen,
ob ich in ihnen einen Widerschein von
deinem Angesicht finden werde.
Das eine sage ich dir: Du wirst mich noch so manches Mal
in die Wüste schicken müssen,
bis ich mich getraue, mit der Narrenkappe aus Liebe zu tanzen,
weil dieses verrückte Leben einen Sinn erhält,
wenn du zu mir sprichst von Angesicht zu Angesicht,
„wie jemand mit seinem Freund redet“,
und ich, trunken vor Liebe, ja sage zu dir,
zu mir, zu einem anderen Liebenden, zu allem.

Fürbitten GL 764 Litanei von der Gegenwart Gottes
(im Wechsel gebetet)

Schlussgebet Treuer Gott,
auf dich bauen wir, dir vertrauen wir, dich bekennen wir als unseren Herrn. Dank sei dir für deine Güte, Dank sei dir für deine Liebe. Wir loben und preisen dich durch Christus, unseren Herrn.

im sicheren Hafen

Einführung Dass X Y liebt, damit könnten wir es bewenden lassen. Die Lesung aus dem ersten Johannesbrief weiß in der Liebe zweier noch einen dritten präsent. Von Gott zu sprechen, gebietet nicht nur die Frömmigkeit, die Liebe selbst erfordert es.

Tagesgebet Allmächtiger Gott,
in der Ehe von X und Y zeigst du dich in deiner Liebe und Treue zu uns Menschen. Hilf uns, einander die Liebe und das Wohlwollen zu erweisen, die ein jeder von uns braucht, um wahrhaft Mensch zu werden. Darum bitten wir dich, durch Christus, unseren Herrn.

Lesung 1 Joh 4,7–21

Predigt
Die ganze Kirche voller Experten in Sachen Liebe.
Wenn es stimmt,
dass die Liebe das A und O im Leben eines Menschen ist,
dann könnte ich anstelle einer Predigt das Mikrophon umdrehen
und jeden einzelnen von ihnen zu Wort kommen lassen.
Nichts schlägt so sehr in den Bann wie Liebesgeschichten,
nichts rührt das Gemüt mehr als Erzählungen
von unter widrigen Umständen errungenem Glück zu zweit
oder tragischen Beziehungen.
Jeder von uns hätte etwas zu berichten.
Die Liebe spielt auf der gesamten Klaviatur von Dur bis Moll.
Sie spart keine Farbe auf der Palette des Lebens aus.
Sonniges Gelb ist ihr genau so vertraut
wie lichtschluckendes Schwarz.
Was sie so wunderschön macht,
ist zugleich ihre Achillesferse.

Das Ich lernt zu lieben erst dann,
wenn es spricht:
Du, ich liebe dich.
Liebe macht abhängig.
Deshalb sind Enttäuschung, Feindschaft, Zwietracht, Hass
nahe Verwandte der Liebestugenden
Erfüllung, Freundschaft, Einheit und Wohlwollen.
Je intensiver einer liebt,
desto mehr Kraft fließt ihm zu,
desto verletzlicher wird er aber auch.
Der Liebende verzichtet im Angesicht des Geliebten
immer mehr und mehr auf die Schutzwälle, die Panzerungen,
die Rückversicherungen,
die im Alltag im Umgang mit Menschen gang und gäbe sind.
Oft weniger aus Bosheit, denn aus innerer Not
wird in einer Beziehung der Liebe das Wasser abgegraben.
Ein heute abgeschmackt klingendes Bildwort
bringt es auf den Punkt:
„Liebes Brautpaar,
sie haben nun den sicheren Hafen der Ehe erreicht",
pflegten Prediger vormals den Liebenden zu sagen.
Das Wahre daran:
Ein sicherer Hafen,
weil man nicht mehr suchen muss.
Er verspricht sich ihr,
sie verspricht sich ihm,
verlässlich, sicher.
Die Versuchung in dieser Verlässlichkeit,
die alles wieder unsicher macht:
Die Angst – ich brauche dich.
Bleib bei mir!
Sei so, dass ich bleiben kann, der ich bin.
Sei so,
dass ich meine Ängste vergessen kann.
Sei mein Allerliebstes.
Schaffe mir das Paradies.
Sei so,
wie ich dich haben will.
Niemals würden diese Versuchungen

so unverblümt ausgesprochen.
Die eigenen Ängste, manchmal auch der innere Schweinehund,
können diese subtile Form von Herrschaft
in honigsüße Liebesworte kleiden,
dass man den eigentlichen Motiven
nur schwer auf die Schliche kommt.
Ich liebe dich, ich beherrsche dich.
In der Theorie ein himmelweiter Unterschied,
in der Praxis dicht an dicht.
Liebe bedarf der Enttäuschung.
Jedem sind durch seine Lebensgeschichte Aufgaben gestellt,
denen er sich stellen muss,
um die Persönlichkeit zu werden,
die in ihm verborgen ist.
Man kann einander begleiten,
man kann einander lieben,
man kann raten –
seinen eigenen Weg zu gehen,
das ist nicht delegierbar;
seine eigenen Entscheidungen zu treffen,
die Verantwortung hierfür muss jeder selber tragen.
Die Liebe vereint nicht,
um miteinander zu verschmelzen,
sondern um in der Kraft der Liebe Mensch zu werden.
Ich liebe dich – übersetzt:
Du werde du selbst mit mir!
Ich werde ich selbst mit dir!
Die Liebe kleistert die Wunden der Seele nicht
mit billiger Vertröstung zu.
Sie taucht sie in grelles Licht.
So wie du bist,
bist du geliebt.
Manchmal unerträglich, Liebe anzunehmen,
wo ich mich selbst nicht angenommen habe.
In der Sprache des christlichen Glaubens sagt
der erste Johannesbrief:
Wo Menschen einander lieben,
zeigt sich eine andere Liebe,
die schon da war, bevor Menschen sich gefunden haben,

die einander in Liebe zugetan sind.
Gott hat uns zuerst geliebt.
Das ist das verborgene Geheimnis,
das nach christlicher Auffassung in der Ehe sichtbar wird.
Die Liebe zwischen Menschen bringt
die Liebe Gottes zu allen Menschen zum Vorschein.
Die Liebenden blicken nicht und ausschließlich auf sich,
sondern sie schauen gemeinsam auf Gott.
Die Liebe ist größer als sie,
sie eröffnet einen unendlichen Kosmos,
in der ich mich und ich dich und du dich und du mich
anders erfährst.
Auf dieses Größere hin gehen wir gemeinsam.
Wo ich mich finde mit deiner Hilfe,
weil ich fasziniert von dir bin,
dort werde ich von dem Kreisen um mich selbst befreit.
Ich finde mich und finde dich und finde
noch unendlich viel Größeres.
Jeder Augenblick hält die Fülle des Seins bereit.
In dieser Sicht von Liebe gibt es zwar auch noch
Furcht und Angst,
aber man ist besser gewappnet gegen die Versuchung,
die Liebe zum Vorwand zu nehmen,
um einander aus Angst vor sich und dem Leben zu beherrschen.
„Wir wollen einander lieben,
denn die Liebe ist aus Gott,
und jeder, der liebt, stammt von Gott und erkennt Gott …
Furcht gibt es in der Liebe nicht,
sondern die vollkommene Liebe vertreibt die Furcht.
Denn die Furcht rechnet mit Strafe,
und wer sich fürchtet,
dessen Liebe ist nicht vollendet.
Wir wollen lieben,
weil Gott uns zuerst geliebt hat.“

Feierlicher Trausegen

Rituale: Die Feier der Trauung, 67 ff., Form I

Lied als Fürbittgebet

„Meine engen Grenzen“
(GL 989 Limburger Anhang)

Schlussgebet

Himmlischer Vater,
Dank sei dir für alle Liebe, die du uns erwiesen hast. Du hast X und Y im Ehesakrament zusammengeführt. Berge sie unter deinem Schutz ihr ganzes Leben lang. Darum bitten wir durch Christus, unseren Herrn.

imaginärer Dritter

Einführung Wozu Liebe? – Darauf ist schnell geantwortet. Wozu Gott? – Darauf fällt die Antwort schwer. Eure Hochzeit in der Kirche wirft diese Frage auf. Eure Liebe hilft, sie zu beantworten.

Tagesgebet Gott, du hast uns geschaffen – doch wir kennen dich kaum. Du liebst uns – und doch bist du uns fremd. Durch die Liebe von X und Y sag' uns, wer du bist und was du für uns bedeutest. Darum bitten wir, durch Christus, unseren Herrn.
(variiert nach MB 305, Nr. 2)

Lesung Hos 2,21–22

Text vor der Predigt
Geschichten vom Herrn Keuner
von Bertolt Brecht

„Einer fragte Herrn K., ob es einen Gott gäbe. Herr K. sagte: Ich rate dir, nachzudenken, ob dein Verhalten je nach der Antwort auf diese Frage sich ändern würde. Würde es dich nicht ändern, dann können wir die Frage fallen lassen. Würde sie dich ändern, dann kann ich dir wenigstens noch so weit behilflich sein, dass ich dir sage, du hast dich schon entschieden: Du brauchst einen Gott."

Predigt
Braucht es einen Gott zum Heiraten?
Befragt nach dem Wesentlichen christlichen Glaubens,
antworten die meisten Zeitgenossen mit: Liebe.
Recht haben sie. Jesus selbst hat es gesagt:
Liebe deinen Nächsten wie dich selbst.
Du und ich – zum Lieben reicht's.

Wozu noch einen imaginären Dritten ins Spiel bringen?
Braucht es einen Gott, um zu lieben?
Muss ich Gott lieben, um einen Menschen zu lieben?
Allem Anschein nach: Nein!
Auch bei denen, die mit Gott und Kirche nichts am Hut haben,
ist die Liebe nicht ausgestorben.
Und Kirchgänger sind nicht unbedingt die besseren Liebhaber,
was den Nächsten und Gott angeht.
Es wäre also zu billig, zu behaupten, die Gott nicht lieben,
denen fehle etwas.
Von dieser Illusion muss sich der Kirchenmann befreien.
Braucht es einen Gott zum Heiraten, zum Lieben, zum Leben?
Wenn er etwas in Bewegung setzt, dann ja, aber nur dann.
Was bewegt der Gott der Juden und Christen?
Es wird von ihm behauptet, er sei Liebe pur.
Dass du bist und du und ich und die ganze Welt,
sei Ausdruck seiner Liebe.
Ob einer sagt, ich brauche einen lieben Gott, das steht dahin.
Was jeder sagen muss: Ich brauche einen lieben Menschen.
Ohne Menschenliebe geht der Mensch vor die Hunde.
Da hat er keine andere Wahl: Lieben und geliebt werden –
eine Frage auf Leben und Tod.
Der Gott der Juden und Christen tut sich in der Heiligen Schrift
als Anwalt der Liebe kund.
Gesetzt den Fall, wir würden ihm das abnehmen,
dass er die Liebe ist
und dass wir alle in dieser Liebe unseren Ursprung haben
und es keinen Augenblick gibt,
in dem wir nicht aus dieser Liebe leben,
dann hieße unser Glaube im Klartext:
Wir stehen in einer völligen Abhängigkeit Gott gegenüber,
untereinander aber sind wir vollkommen frei.
Keiner steht über dem anderen,
keiner ist mehr, keiner weniger geliebt,
so verschieden wir auch alle sein mögen,
alle sind wir ausnahmslos und bedingungslos von Gott geliebt.
So einen Gott brauchte es, der uns pausenlos daran erinnerte,
dass wir aus der Liebe leben,
nicht vom Geld, nicht von der Karriere,

nicht von weiß Gott was auch immer,
nur von der Liebe leben wir.
Es braucht so einen Gott, der den Menschen davor bewahrt,
durch den Menschen verbraucht zu werden,
nur weil allerorten Liebe gebraucht wird.
Braucht es einen Gott zum Heiraten, zum Lieben, zum Leben?
Die Antworten werden verschieden ausfallen, je nachdem,
ob dieser Gott etwas in Bewegung bringt,
in der Ehe, in der Liebe, im Leben.
Bräuchte einer, um der Liebe und des Lebens willen,
endlich Bewegung in seinem Leben,
dann braucht er unter Umständen einen Gott,
der Experte in Liebesangelegenheiten ist.
Nicht umsonst gilt den Juden als die größte Tat Gottes,
dass er sie aus der Gefangenschaft der Ägypter befreit hat.
Nicht umsonst gilt den Christen als die größte Tat Gottes,
dass er Jesus von den Toten auferweckt hat.
Gott zu lieben, das heißt frei zu werden.
Einen solchen Gott braucht es.

Danksagung „ubi caritas et amor, deus ibi est"
(GL 625,2 nach jeder Danksagung)

- Danke, dass X und Y sich gefunden haben.
- Danke für alle Menschen, die uns Liebe und Wohlwollen erweisen.
- Danke für dein Versprechen, treu zu uns zu stehen.
- Danke für alle guten Fügungen in unserem Leben.
- Danke für alles Schwere, an dem wir wachsen konnten.
- Danke, dass deine Liebe uns Hoffnung auf Leben schenkt, über den Tod hinaus.

Schlussgebet Herr, du zeigst dich im Leben der Menschen als Gott der Liebe und Befreiung. Das Sakrament der Ehe schenke X und Y jene Freiheit, die ihre Liebe für die Menschen um sie herum fruchtbar macht, durch Christus, unseren Herrn.

Liebe Leserin, lieber Leser,

aus der unübersehbaren Fülle von Büchern haben Sie sich treffsicher für ein Pustet-Buch entschieden. Für die Lektüre wünschen wir Ihnen viel Freude. Wenn Sie auch in Zukunft gute Bücher aussuchen wollen, können wir Sie zielgenau in Ihren Interessengebieten informieren, selbstverständlich kostenlos und unverbindlich.
Dazu brauchen Sie hier nur anzukreuzen:

Religion/Theologie

- ☐ Gottesdienst / Verkündigung / geistliches Leben
- ☐ Pastoral / Katechese / Religionsunterricht
- ☐ Handbücher / Wissenschaft
- ☐ Ökumene / Systematische Theologie
- ☐ Kirchengeschichte

Geschichte

- ☐ Gesamtdarstellungen
- ☐ Biografien
- ☐ Ost- und Südosteuropa
- ☐ Ratisbonensia

Sie können das Programm auch online „treffen" unter www.pustet.de
Wir freuen uns auf Ihr Interesse

VERLAG
FRIEDRICH
PUSTET

kein Ort. Nirgends.

Einführung Euch beide hier zu sehen, ist ein unverhofftes Glück. Ihr seid durch die Hölle gegangen. Dass ihr einander begegnetet, war der Beginn eines neues Lebens. Den feiern wir in eurer Hochzeit, bewusst in der Kirche. Unglaublich viel wurde euch geschenkt, was ihr aus eigener Kraft nicht hättet machen können. Im Unglaublichen erkennt ihr Gottes Handeln.

Lesung Eph 6,10–20

Gebet Gott, X und Y kommen aus der Nacht, sie streben zum Licht, zum Leben, zu dir. Für sie und für uns ist ihre Ehe ein frohes Zeichen der Hoffnung. Begleite, schütze und erhalte, was du an Gutem in beiden gewirkt hast. Darum bitten wir durch Christus, unseren Herrn.

Predigt
Kein Ort. Nirgends.
Der Titel eines Romans von Christa Wolff.
Die Geschichte zweier Menschen in einer erdachten Begegnung:
Heinrich von Kleist und Karoline von Günderrode.
Zwei Menschen auf der Suche nach dem Sinn ihres Lebens.
Suchen, suchen, ohne zu finden.
Sie finden nicht das Wort, um sich mitzuteilen.
Sie finden keinen Menschen, der sie versteht.
Zwei Leben,
die an ihrem Dasein leiden.
Kein Ort. Nirgends.
Gedanken martern das Hirn.
Gefühle überdehnen den zarten Bogen der Seele.

Das Dasein quält.
Die Persönlichkeit zerbirst in ein Mosaik,
dessen Teile nicht mehr zusammenzusetzen sind.
Flucht, nur weg, aus diesem Körper, diesem Ich,
dieser Qual des Suchens und Suchens ohne Finden.
Im Rausch wird der Schmerz betäubt.
In langsam ansteigenden Sprossen
mit immer schnellerem Schritt
die Wendeltreppe des Gefühls hinauf
bis zu einem Augenblick heiß ersehnter Selbstvergessenheit,
in der ich nicht mehr weiß,
dass ich bin,
und der Schmerz des Daseins hinabsinkt in seliges Vergessen.
Doch nur für einen Augenblick.
Grässliche Leere beim Erwachen,
verdoppelter Schmerz,
Sehnsucht zurück ins Vergessen,
immer schneller, immer waghalsiger
katapultiert sich der Lebensschmerz
in einen Zustand jenseits des Bewussten.
Von Mal zu Mal höhere Dosen,
schalerer Nachgeschmack,
das Denken dreht sich wie ein Karussell um den Rausch,
versklavt an die Mittel, ihn sich zu schaffen,
Spirale ins Nichts.
Zwei Suchende feiern Hochzeit.
Sie feiern nüchtern.
Sie kennen die Nacht.
Haben in ihr gelebt.
Kennen die Sirenenrufe des Rausches.
Sind ihnen gefolgt,
bis es Nacht wurde in ihnen.
Sie feiern Hochzeit nüchtern.
Sie freuen sich, müssen aber nicht, wie ein Säugling,
in Lebensangstgier die Flasche der Freude
bis zum letzten Tropfen trinken.
Sie trauern und sind gewarnt,
sich nicht in den Strudel der Melancholie hineinziehen zu lassen.
Zwei, die empfinden wie wir,

sie mühen sich aber um ein heilsames, nüchternes Maß.
Für ihr weiteres Suchen rüsten sie sich heute:
Mit dem Panzer des Glaubens und der Liebe,
mit dem Helm der Hoffnung auf das Heil.
Nicht unverwundbar wie Siegfried, der Drachentöter.
Sie wissen,
wo ihnen im Blutbad das Lindenblatt auf die Seele gefallen ist.
Doch wohl gerüstet, nüchtern.
Kein Ort. Nirgends. –
Das soll für diese beiden nicht mehr sein.
Wenn der Dieb in der Nacht kommt
und einen von beiden ängstigt,
dass er erneut flieht
in den Rausch des Augenblicks,
werden zwei und bald vier Augen da sein,
die zur Nüchternheit mahnen.
Es gibt einen Ort:
Glaube, Liebe, Hoffnung – Gott.
Darum tröstet und ermahnt einander,
und einer richte den anderen auf,
wie ihr es schon tut.

Psalm Ps 126 *(GL 753, 1–2) oder*:

Lied GL 292

Schlussgebet Gott der Liebe und des Erbarmens.
Du hast X und Y einen neuen Anfang geschenkt. Sende uns den Geist der Liebe. Gestalte uns nach dem Bild deines Sohnes und erneuere das Antlitz der Erde durch Christus, unseren Herrn.

klein aber oho

Einführung Mit der gängigen Logik kommt man weder dem Glauben an Gott noch der Liebe bei. Sie stellen die Welt auf den Kopf und erwarten, dass die Zukunft aus dem Unscheinbaren wächst. Wer die Liebe und das Brautpaar hoch leben lässt, muss damit rechnen, unter die Verrückten gerechnet zu werden.

Gebet Gott, du bist die Liebe. So sehr hast du die Welt geliebt, dass du deinen Sohn für sie hingegeben hast. In ihm liebst du uns und nimmst uns an. Dich sollen wir lieben und den Nächsten, wie uns selbst, und alles, was du geschaffen hast. Sende uns deinen Heiligen Geist, damit er uns helfe, aus dieser Liebe zu leben. Darum bitten wir durch Jesus Christus. *(variiert nach GL 4, 4)*

Lesung Mk 4,30–32

Predigt

In der Kirche geht es um Gott.
Worum geht es Gott?
Gott geht es um den Menschen.
Dass der Mensch Mensch werde,
darum geht es Gott.
Als Mensch geboren,
ist man noch lange nicht Mensch.
Der Mensch kann Bestie werden,
ein Todesengel.
Mit Fäusten und Worten vermag er
Menschen ums Leben zu bringen.
Roboter kann der Mensch werden.
Eingespannt in Funktionsabläufe,

eingepfercht in Strukturen,
die dem Leben keinen Raum lassen.
Sein Leben kann an der Oberfläche verplätschern,
keine Herausforderung, die er angenommen,
keine Gefahr, in der er sich bewährt,
kein Text, der ihn bewegt,
keine Musik, die ihn angerührt,
kein Mensch, dem er sich verschenkt hätte.
Leben an der Oberfläche.
Dem Leben verschließen kann sich ein Mensch.
Mit sich selbst uneins,
mit seinem Schicksal hadernd,
an einem Schmerz zerbrochen,
ertaubt, erblindet, fühllos für die Schönheit des Lebens.
Seine Menschenwürde trägt der Mensch
vom Tag seiner Empfängnis an in sich.
Dass er Mensch wird,
seine Aufgabe, ein Leben lang.
Wie wird man Mensch?
Jesus erzählt es in einem Gleichnis vom Himmelreich.
Himmelreich – in der Sprache der Bibel – ist der Zustand,
in dem alle Menschen zu sich selbst
und damit zu Gott gefunden haben.
Frieden, Gerechtigkeit, Liebe –
sie werden,
wenn Menschen Mensch werden.
Dazu muss man einen Blick haben für das Unscheinbare.
Menschwerdung ist ein Prozess
des voneinander Lernens und aneinander Wachsens.
Wo Gott ist?
Da, wo der Mensch Mensch wird.
In eurer Liebe, in eurer Ehe, ein guter Ort der Menschwerdung.
Ihr solltet alle Sinne offen halten.

Text nach oder anstelle der Predigt
Senfkornmensch
von Wilhelm Bruners

sie haben mich gelehrt
du musst groß und stark werden
sie haben mich gelehrt
du musst deine ellenbogen gebrauchen
sie haben mich gelehrt
du musst dir deinen platz verschaffen
sonst bist du verloren
sie haben mir gesagt
es ist gefährlich
klein zu sein
sie haben mir gesagt
es ist gefährlich
schwäche zu zeigen
sie haben mir gesagt
es ist gefährlich
wehrlos zu sein
sonst bist du verloren
und ich denke an alle
die schwach und schutzlos waren
ich denke an alle
die schwäche gezeigt haben
ich denke an alle
die sich nicht gewehrt haben
sie gingen verloren
aber ich sehe
auch das senfkorn
klein und leicht
ich sehe
wie verloren es ist
in meiner hand
ich sehe
dass es wehrlos ist
und ohne schutz
und ich höre ihn sagen
der himmel gleicht

einem senfkorn
ich höre ihn sagen
dieses ist das kleinste
von allen samenkörnern
ich höre ihn sagen
wenn es gesät ist
dann geht es auf
und wird größer
als alle anderen gewächse
und ich erinnere mich
dass er gelebt hat wie ein senfkorn
ich erinnere mich
vieler seiner schwestern und brüder
vor ihm und nach ihm
haben gelebt wie ein senfkorn
ich erinnere mich
viele wurden gesät in die erde
und haben einen namen
unauslöschlich
über alle anderen namen
an denen blut klebt
sie haben mich gelehrt
du mußt groß und stark werden
und ich frage
                    auf wessen kosten
sie haben mich gelehrt
du musst deine ellenbogen gebrauchen
und ich frage
                    gegen wen
sie haben mich gelehrt
du musst dir einen platz verschaffen
und ich frage
                    wer bleibt auf der strecke
und ich beginne zu verstehen
er hat recht
der senfkornmensch
ich beginne zu verstehen
nur wer sät
wird auferstehen

ich beginne zu verstehen
nur dem senfkornmenschen
gehört die zukunft
so wünsche ich uns
dass wir senfkorn-
menschen werden
in gottes hand geschützt
von gottes hand gesät
in gottes leben gehalten
wie er
jüdischer bruder
sohn gottes
menschenbruder

Lied „Alle Knospen springen auf"
(GL 979, Limburger Anhang)

Schlussgebet Gott, dein Sohn, unser Herr Jesus Christus, ist das Weizenkorn, das ins Erdreich gesät wurde, gestorben ist und überreiche Früchte trägt. Wo Menschen aus dem Glauben an ihn einander lieben und Gutes tun, wächst dein Reich, dessen Kommen er uns verheißen hat. Für die Liebe von X und Y danken wir dir und preisen dich, heute und alle Tage unseres Lebens bis in Ewigkeit, durch Christus, unseren Herrn.

liebenswerte, rätselhafte Welt

Einführung Ungewöhnlich, sich am Tag der Hochzeit Gedanken über die Vergänglichkeit zu machen. Andererseits auch wiederum völlig normal, werdet ihr doch gleich euch Treue und Liebe in den guten und bösen Tagen, in Gesundheit und Krankheit versprechen, und das, bis der Tod euch scheidet.

Gebet Ewiger Gott.
Die Tage zerrinnen uns zwischen den Händen. Du bleibst. Gestern und heute und morgen bist du derselbe. Unsere Zukunft liegt in deiner Hand. Stärke X und Y in der Liebe zu dir und zueinander, damit sie bereit werden, ihr Leben im Vertrauen auf deine Güte und Treue zu gestalten. Durch Christus, unseren Herrn.
(variiert nach MB 316, Nr. 31)

Lesung Koh 1,1–11

Predigt
Einer eurer Gäste ist fehl am Platz.
Warum habt ihr ihn eingeladen?
Vergällt hat er die Hochzeitsfreude.
Windhauch, sagt er,
wo uns die frische Brise der Liebe umweht.
Alles vergänglich,
alles kann so sein,
aber auch anders.
Kein Halt, nirgends.
Alles, alles Windhauch.
Wie ein ansteckender Bazillus frisst sich dieses Wort
durch die Fettzellen unserer Hochzeitsfreude.

Gnade uns Gott, wenn diese Krankheit
unseren Herzmuskel lähmt.
Windhauch – alles.
Warum schwermütige Gedanken,
wo uns Liebe Unsterblichkeit verheißt?
Das Windhauch-Wort lässt sich nicht ignorieren.
Einmal in den Raum gesagt,
schlägt es mit Macht gegen das Trommelfell
und hämmert seine Botschaft von der Nichtigkeit allen Seins
in die letzten Winkel des Hörenden.
Auch wenn es uns nicht schmeckt:
Recht hat er, der Kohelet.
Vieles wird begonnen,
nichts vollendet.
Vieles geschieht,
nichts wird verstanden.
Gewusst wird vieles,
wer aber vermöchte dieses Wissen weiterzugeben?
Das eine geht,
das andere kommt.
Nichts hat Bestand.
Recht hat er.
Warum soll man morgens noch aufstehen?
Warum sich mühen?
Welchen Sinn hat es, zu heiraten?
Auch Windhauch?
Die Ehe – der rührende, wenn auch vergebliche Versuch,
eine Insel der Seligen
inmitten ozeanischer Stürme des Nichts zu schaffen?
Wir können innerhalb der Dominosteinkette des Universums
keine Mauer um eure beiden Steinchen ziehen,
um euch vor allem Unbill dieser Welt zu schützen.
Ist alles Windhauch,
fällt der Anfangsstein des Seins und reißt uns alle mit um.
Der Lesungstext aus dem Buch Kohelet weist weit
über den Anlass seines Gelesenwerdens, eure Hochzeit, hinaus.
Das Ganze steht zur Frage.
Ist alles im letzten sinnlos,
dann Hochzeit ade.

Alles ist anzweifelbar.
Unsere Sinneseindrücke –
Wie oft werden sie als Täuschung entlarvt.
„Nie wird ein Auge satt,
wenn es beobachtet,
nie wird ein Ohr vom Hören voll.“
Unser Denken –
selten gradlinig, konsequent und durchdringend.
„Es gibt keine Erinnerung an die Früheren,
und auch die Späteren,
die erst kommen werden,
auch an sie wird es keine Erinnerung geben bei denen,
die noch später kommen werden.“
Alles, was uns umgibt –
Wer beweist uns,
dass es so ist,
wie wir es wahrnehmen?
„Alle Dinge sind rastlos tätig,
kein Mensch kann alles ausdrücken.“
Gott –
das ist Glaubenssache
und vom Irrtum ebenso angefochten wie alles andere.
An anderer Stelle, mit Kohelets Worten:
„Es gibt Menschen, denen Gott wohl will.
Es sind die, denen er Wissen, Können und Freude geschenkt hat.
Und es gibt Menschen, deren Leben verfehlt ist.
Es sind diejenigen,
die Gott mit dem Geschäft beauftragt hat,
zu sammeln und zu horten
und dann alles denen zu geben,
denen er wohl will.
Auch das ist Windhauch und Luftgespinst.“
Kohelet sträubt sich gegen eine wohlfeile Auslegung.
Er lässt sich nicht
vor den Karren der Hochzeitssentimentalität spannen.
Ist alles Windhauch,
fallen die Antworten nüchtern aus.
Nochmals Kohelet:
„Zwei sind besser als einer allein,

falls sie nur reichen Ertrag aus ihrem Besitz ziehen.
Doch wenn sie hinfallen,
richtet einer den anderen auf.
Außerdem:
Wenn zwei zusammen schlafen,
wärmt einer den anderen;
einer allein,
wie soll er warm werden?
Und wenn jemand einen einzelnen auch überwältigt,
zwei sind ihm gewachsen,
und eine dreifache Schnur reißt nicht so schnell."
Kohelet ist ein feiner, kritischer Beobachter.
Seine Beobachtungen bringt er nicht auf einen Nenner.
Ein Reicher lebt lange, aber ohne Freude.
Ebenso ergeht es dem Armen.
Dem Ungebildeten ist das gleiche Schicksal beschieden
wie dem Gebildeten.
Aus irgendeinem Grund
stehen Menschen auf der Schattenseite des Lebens,
während sich andere im Wohlstand aalen.
Alles geschieht, aber es ist uns verwehrt,
Gott in die Karten zu schauen,
um eine Logik darin zu entdecken.
Wie lebt man in einer Welt aus Windhauch?
„Iß freudig dein Brot,
und trink vergnügt deinen Wein;
denn das, was du tust,
hat Gott längst so festgelegt,
wie es ihm gefiel.
Trag jederzeit frische Kleider,
und nie fehle duftendes Öl auf deinem Haupt.
Mit einer Frau, die du liebst,
genieße das Leben alle Tage deines Lebens voll Windhauch,
die er dir unter der Sonne geschenkt hat,
alle deine Tage voll Windhauch.
Denn das ist dein Anteil am Leben und an dem Besitz,
für den du dich unter der Sonne anstrengst.
Alles, was deine Hand, solange du Kraft hast, zu tun vorfindet,
das tu!

Denn es gibt weder Tun noch Rechnen
noch Können noch Wissen
in der Unterwelt, zu der du unterwegs bist."

Man kann mehr und Erfüllenderes über das Leben,
über die Ehe und über Gott sagen.
Weht Windhauch durch euer Leben,
dann gedenkt des Kohelet.
Sein Rat lehrt leben,
auch wenn Gott, die Welt und ihr selbst euch zum Rätsel werdet.

Fürbitten Die Liebe macht unsere Lebenszeit kostbar. Du, Gott, bist die Liebe. Dich bitten wir:

- Niemals selbstverständlich, stets ein großes Geschenk sei X und Y ihre Liebe.
- Was sie an Schwerem zu bestehen haben, daran mögen sie reifen.
- Was ihnen an Gutem widerfährt, davon mögen sie teilen.
- Das Wissen um die Vergänglichkeit der Zeit lehre sie, den Augenblick zu schätzen.
- In allem Wandel sei du verlässlicher Halt.

naiv aus gutem Grund

Einführung Eins sollte man sich im Leben nicht leisten: Blauäugigkeit. Man zieht dabei stets den Kürzeren. Was ansonsten bar jeder Vernunft wäre, das gewinnt durch die Liebe Plausibilität; eine Vernünftigkeit, der ihr euch heute im Sakrament der Ehe verschreibt.

Gebet Gott. Deine Torheit ist weiser als unsere Vernunft, deine Ohnmacht ist stärker als unsere Kraft, deine Liebe macht Unmögliches möglich. Lehre X und Y und uns alle, die Welt im Licht deiner Weisheit zu sehen, damit Friede wird unter uns. Darum bitten wir durch Christus, unseren Herrn.

Lesungen 1 Kor 12,31–13, 8a; Lk 12,22b–31

Predigt
Das Evangelium mutet naiv an.
Keine Sorgen solle man sich machen.
Vertrau auf Gott, und alles wird schon werden.
Schön wär's! Ein frommer Traum.
Nicht unsere Wirklichkeit.
Sorglosigkeit können wir uns nicht leisten.
Arbeit wird knapp, Geld wird knapp,
die Menschen verschlossener.
Hauptsache, man hat sein eigenes Scherflein
ins Trockene gebracht.
Uns fallen die Spatzen nicht vom Dach.
Wer etwas vom Leben haben will, muss etwas leisten.
Jesus selbst war alles andere als ein sorgloser Romantiker,
der tagsüber auf blühenden Wiesen liegt
und sich versonnen an der Pracht der Blumen
und dem Flug der Vögel freut.

Ihm geht es um anderes.
Das Sorgen kann uns zum Gefängnis werden.
Mit der Zeit haben uns die Sorgen wie Maulesel
vor ihren Karren gebunden,
sie schlagen uns Scheuklappen vor die Augen,
wir sehen nicht mehr rechts noch links,
wir hinterfragen nicht mehr die Dinge,
um die wir uns sorgen.
Sind sie unserer Sorge wert?
Lohnt sich die ganze Mühe?
Rauben sie uns mehr Freude als dass sie Nutzen bringen?
Unsere Lebensspanne ist kurz bemessen.
Zeit können wir uns nicht beliebig aus dem Ärmel schütteln.
Wofür wollt ihr leben?
Der Blick auf Vögel und Blumen.
Sie sind prächtiger und umsorgter
als der reichste Mensch auf Erden es je sein könnte.
Getan dafür haben sie nichts.
Wie viel wertvoller ist der Mensch!
Um wie viel reicher hat Gott ihn erschaffen!
Wir vergeuden eine Menge Lebenszeit,
uns Ansehen und einen Platz in der Gesellschaft zu erkämpfen.
Manchmal geht die Persönlichkeit, der Charakter dabei drauf.
Das Menschsein kommt zu kurz.
Ihr, liebe Y, lieber X, habt eine bessere Wahl getroffen.
Ihr wurdet einander geschenkt,
damit die Furcht, die in uns schlummert,
im Leben zu kurz zu kommen, zur Ruhe kommt.
Ihr habt einen Menschen gefunden, der euch spüren lässt:
Du bist mir unendlich lieb,
du musst dich nicht vor mir beweisen,
bei mir darfst du du selbst sein.
Deshalb brauchst du dich nicht zu ereifern,
nicht zu prahlen, dich nicht aufzublähen.
Du musst nicht mehr ängstlich auf deinen Vorteil bedacht sein.
Auch wenn du verletzt worden bist,
musst du dich nicht mehr deinen Rachegelüsten hingeben.
Ich werde deine Wunden verbinden.
Die Liebe birgt die Chance, frei zu werden für das Leben,

falsches Sorgen lassen zu können.
Der Glaube sagt,
dass wir zu allererst von Gott geliebt sind.
In Gottes Liebe Kraft für die eigene Liebe zu gewinnen –
das Geheimnis der Ehe.

Fürbitten In Gottes Liebe geborgen, bitten wir:

- Um die Gabe der Unterscheidung, was wichtig und was weniger bedeutsam ist.
- Um die Gabe des Mutes, das eine zu tun und anderes dafür zu lassen.
- Um die Gabe der Liebe, die unserem Urteilen erst das rechte Maß gibt.
- Um die Gabe der Freiheit von den Meinungen und Urteilen anderer.

Schlussgebet Gott, du Quell des Lebens.
Befreie uns durch die Kraft der Liebe von der Angst um uns selbst. Durch die Ehe von X und Y machst du uns Mut, diesen Weg zu gehen. Dafür danken wir dir und loben dich, jetzt und in Ewigkeit.

rosarot realitätsnah

Einführung Eure Hochzeit – ein Tag voller Gefühle. Bäume ausreißen könnte man. Die biblischen Texte, die ihr euch gewählt habt, steigern dieses Empfinden. Um nicht unsanft auf die Nase zu fallen mit unseren Idealen, testen wir sie und uns auf Herz und Nieren, ob sie für unser Leben von Belang sind.

Gebet MB 1113 (um Liebe)

Lesungen Gal 5,13–18; Mt 6,19–34

Predigt
Muss Liebe schön sein,
dass sich ein Brautpaar solche Texte zu seiner Hochzeit wählt.
Aber wir alle sind nachsichtig gegen euch.
Das Gefühl der ersten frischen Liebe
lässt sich zu Aussagen hinreißen,
die es Jahre später selbst nicht mehr verstehen wird.
„Sorgt euch nicht um euer Leben."
„Du sollst deinen Nächsten lieben wie dich selbst."
Das ist wie ein aufgeschlagener Urlaubsprospekt
mit Bildern von Sonne, Strand und Meer.
Sie entlocken uns ein paradiesisches Hochgefühl:
So könnte es immer sein.
Jeder von uns billigt euch heute das Recht zu,
der Utopie zu frönen.
Wir wünschen euch,
dass ihr rechtzeitig wach werdet und die Dinge so seht,
wie man sie sehen muss, um zu überleben:
dass unser Leben eine einzige Sorge ist um seinen Erhalt,
dass sich das meiste um den schnöden Mammon dreht
und dass ihr jeden Tag hart ran müsst,

wenn ihr wenigstens die letzten zehn Jahre, die Zeit eurer Rente,
in Wohlstand genießen wollt.
Vor allem aber hütet euch vor Vertrauensduselei,
die im Mitmenschen den zu liebenden Nächsten sieht.
Ihr ahnt nicht,
wie viele Wölfe im Schafspelz darunter stecken.
Wir geben zu, eure Textauswahl erhebt das Herz.
Unsere Lebensauffassung wirkt wie ein kalter Hering
gegen einen ausgeprägten Morgenkater,
ernüchternd und schmerzhaft.
Doch wir sagen es aus Sorge um euch,
dass ihr euch nicht wie Ikarus gen Himmel schwingt
und während des Steilflugs eure Flügel
sich in Wohlgefallen auflösen.

Eure Gegenrede lässt sich an euren Gesichtern ablesen.
Man lebt, *man* denkt, *man* tut –
das ist nicht mehr euer Weg.
Ihr seid, lange schon, eurer Berufung gefolgt,
dem Ruf der Freiheit:
Ich lebe, *ich* denke, *ich* tue.
Es kommt der Augenblick,
wo man sich entscheiden muss,
ob man sich dem Diktat der Unpersönlichkeit beugt,
oder ob ich ich selbst werden will.
Allein schaffe ich dies nur bis zu einem gewissen Grad.
Ich brauche dich, um ich zu werden.
In eurer Liebe wird Gott euch das Bild von jedem von euch
enthüllen.
Er hat das Bild von dir und dir in sich bewahrt,
gegen unser Vergessen und gegen unsere Selbstverleugnung.
Einmal diesen Weg beschritten,
kann man sich nur schwer noch
dem Diktat des „man sollte“ beugen.
Eure Augen blicken anders, seit ihr liebt.
Eure Augen werden gesunden, euer Körper heil werden.
Ihr werdet euch sorgen,
aber nicht Sklaven der Sorgen sein.
Ihr werdet Geld verdienen,

aber durch innere Absage an das „haben müssen"
nicht Diener des Mammons werden.
Ihr werdet die Einheit leben, seelisch und körperlich,
aber nicht den Begierden des Fleisches verfallen.
Damit meint Paulus Fehlformen des Sexuellen, aber auch
Feindschaft, Streit, Eifersucht, Jähzorn, Eigennutz,
Neid und Missgunst,
die Fehlformen des Geistes.
Ihr geht gemeinsam den Weg eurer Menschwerdung.
Ihr geht ihn im Glauben, Gott geht ihn mit euch.
Wir werden durch euch ermutigt,
ihn ebenfalls zu gehen, auf unsere Art und Weise.
So ist eure Liebe uns ein Zeichen,
dass unsere wahren Wohnungen im Himmel sind,
dass der Himmel in uns ist
und Gott in uns Wohnung genommen hat.
Liebe – Freiheit – Menschwerdung,
alles unzureichende Worte für eine Fülle,
die nur in der Liebe erfahrbar wird.
Diese Erfahrung befreit zum Loslassen all dessen,
was man glaubt, wie man lebt, denkt, handelt.
Zur Freiheit sind wir berufen.

Lied „Wo ein Mensch Vertrauen gibt"
(GL 877, Limburger Anhang)

Fürbitten „Wende das Böse" (GL 878, Limburger Anhang)

Schlussgebet Gott. Durch Jesu Leben und Sterben und seine Auferstehung hast du die Macht deiner Liebe erwiesen. Wir wollen groß von der Liebe denken und selbst liebend etwas wagen, damit die Welt zu einem besseren Ort für alle Menschen wird. Dazu verhilf X und Y in ihrer Ehe, dazu ermutige uns alle, durch ihn, Christus, unseren Herrn.

seid umschlungen, Millionen!?

Einführung Liebe schafft Raum für viele Menschen. Hier darf der Mensch Mensch sein, gleich, wer oder was er ist, welche Farbe seine Haut trägt und welche Sprache er zuerst gelernt hat. Das Multikulturelle fordert die Liebe heraus, sie wächst im Lernen des kleinen Einmaleins der Toleranz.

Tagesgebet Gott, unser Vater,
um der Welt Frieden zu bringen, ist dein Sohn gekommen und hat aus Liebe zu uns sein Leben für uns eingesetzt. Hilf uns, dass wir mit ihm dem Frieden und der Versöhnung dienen, der in der Einheit des Heiligen Geistes mit dir lebt und herrscht in Ewigkeit. *(variiert nach MB 312 Nr. 21)*

Lesung Röm 12,9–21

Predigt
Ein kleiner Knigge für Liebende,
die Lesung aus dem Römerbrief.
Knapp vom Satzbau,
präzise in der Wortwahl,
eindeutig in der Aussage.
So klar, so allgemein gültig,
dass selbst Andersgläubige und
Menschen ohne religiöses Bekenntnis
dazu in weiten Teilen „Ja und Amen“ sagen können;
so klar, dass es keiner Predigt bedarf,
um seinen Sinn zu entschlüsseln.
Leben und leben lassen;
die Menschen so annehmen,
wie sie sind –

diese Übung der Toleranz hält Spannungen aus
und schlägt Brücken über die Gräben der Fremdheit.
Paulus nennt dies Liebe.
Geschrieben hat er den Lesungstext
nicht als Kompendium für Ehewillige,
sondern für eine kleine Christengemeinde in der Weltstadt Rom.
Die wussten schon damals um das,
wessen wir uns heute wortgewaltig rühmen:
das multikulturelle Leben.
Ein unglaubliches Völkergemisch
aus allen Teilen des riesigen Imperiums
tummelte sich in Roms Straßen.
Das multikulturelle Rom war alles andere als ein Hort der Liebe.
Die breite Masse des Pöbels wollte
gefüttert und belustigt werden.
Allen Leidenschaften konnte man frönen,
alle Abgründe durchschreiten.
Tempel von Gottheiten aus aller Herren Länder konkurrierten
um die Gunst der Bewohner Roms.
Kunstbeflissene und Proleten,
tugendhafte Römer von altem Schrot und Korn
und orgiastische Nachtschwärmer;
tiefe Religiosität und religiöse Banalität –
es gab nichts, was es nicht gab,
im multikulturellen Rom.
Mit der Lupe zu suchen,
die wenigen Hundert Christen in der Millionenstadt.
Sie versuchten, die Liebe zu leben,
gemäß Jesu Wort,
dass das ganze Gesetz
in den Geboten der Gottes- und Nächstenliebe erfüllt sei.
Fällt das Wort „Liebe“,
schwelgen die Gedanken gleich
in erhabenen Welten hehrer Gefühle.
Liebe kleckert nicht,
sie klotzt.
Paulus sagt:
Um klotzen zu können,
muss man erst mal kleckern lernen.

„Soweit es möglich ist,
haltet mit allen Menschen Frieden.“
Nicht: Lasst euch umarmen, Millionen!
Sondern: soweit es möglich ist …
Um Frieden zu halten,
braucht es zwei Friedliebende.
Nicht immer findet ein solcher in dem,
mit dem er zusammen leben muss,
das passende Gegenstück.
Liebe kann ganz nüchtern heißen:
Wir gehen uns aus dem Weg,
weil Frieden mit uns schlecht zu machen ist.
Ein bisschen mehr gekleckert:
„Verabscheut das Böse, haltet fest am Guten.“
Was sonst, selbstverständlich,
möchte man denken.
Denkste!
Wenn alle Welt schummelt,
und erst kleine, dann größere Kniffe anwendet,
um einen Vorteil zu erhaschen –
warum dann nicht ich?
Warum am Guten festhalten,
wenn das Böse so ertragreich ist
und man gemeinhin das Böse das Gute nennt?
Wie viel Toleranz toleriert die Liebe?
Wie viel Raum gibt sie – multikulturell – anderen Menschen?
Solange ich mein Auskommen habe und du deins,
magst du leben, wie du willst,
wie auch ich lebe, wie ich will.
Was aber,
wenn du mir ein Bein stellst
und mein Zorn gegen dich wächst
und ich dir deine Stellung neide,
weil ich nie dort sein werde,
wohin du gelangt bist,
und du mich spüren lässt,
dass du oben bist und ich unten,
und mein Verlangen nach Rache brodelt
und nur auf die passende Gelegenheit lauert,

dir doppelt und dreifach zu vergelten,
was ich unter dir zu leiden hatte …
Sie waren nicht wohlgelitten, die Christen in Rom.
Zu Zeiten des Paulus hatten sie noch
ein einigermaßen gutes Auskommen.
Sehr bald schon wurden sie verdächtigt und beargwöhnt,
dass sie Umstürzler seien
und Kinder schlachteten und Blut tranken
und die staatliche Ordnung aus den Angeln heben wollten,
und dann dauerte es nicht mehr lange,
dass man sie bei lebendigem Leibe
verbrannte oder den wilden Tieren zum Fraß vorwarf.
Und wenig später lernten die Christen
auf gleiche Weise andere hassen
und ließen sie leiden und glaubten, Gott einen Dienst zu tun.
Wie viel Kraft hat die Liebe?
Reicht sie, um in der Bedrängnis geduldig zu sein?
Besitzt sie noch stille Reserven,
um nicht nur um sich selbst zu kreisen,
sondern mit den Weinenden zu weinen?
Vermag sie auf Rache zu verzichten
und sie Gottes Sache sein zu lassen?
Welches Opfer ist die Liebe wert?
Würde sie alles drangeben,
um den Kreislauf der Gewalt zu unterbrechen,
die Bosheit mit Wohlwollen zu beantworten,
um in dem, der Böses tut,
einen Prozess des Nachdenkens und der Umkehr
in Gang zu setzen?
„Wenn dein Feind Hunger hat, gib ihm zu essen,
wenn er Durst hat, gib ihm zu trinken;
tust du das,
dann sammelst du glühende Kohlen auf sein Haupt."
Wäre die Liebe bereit,
das Unvernünftigste zu wagen,
weil es das Vernünftigste ist,
obwohl sich alles dagegen sträubt:
„Segnet eure Verfolger; segnet sie, verflucht sie nicht!"?
Denn das Fluchen erzeugt Bitterkeit,

die Bitterkeit durchtränkt den ganzen Menschen
und macht ihn zum Sklaven gerade derjenigen,
von denen er sich befreien will.
Ein kleiner Knigge für Liebende,
unser Lesungstext.
So klar, so allgemein gültig,
dass jeder ihm zustimmen kann.
So anstößig,
dass man ein ganzes Leben braucht,
um zu lernen,
was jeder einzelne Satz dieses Textes in der Praxis bedeutet.

Fürbitten

Gott, du bist Liebe, dich rufen wir an:

- Für X und Y: Ihre Liebe schaffe Menschen Raum zum Atmen.
- Erhalte sie und uns in der Liebe und im Wohlwollen zueinander.
- Menschen, mit denen wir uns schwer tun, lehre uns zu ertragen.
- Bewahre uns vor vorschnellem Urteil und hartherzigem Stabbrechen über einen Menschen.

Schlussgebet

Gott, in der Fülle der Liebe zwischen Vater, Sohn und Geist bist du die Fülle des Lebens. In der Liebe haben wir Anteil an deinem Leben. Mehre in uns den Glauben, stärke uns in der Hoffnung, entzünde in uns deine Liebe, durch Christus, unseren Herrn.

trautes Heim – Glück zu zwein?

Einführung Zwei stehen heute im Mittelpunkt. Wenn es um die Liebe geht, muss man von mehr als nur von zweien reden. Es geht um's Ganze. Später werdet ihr danach gefragt, ob ihr bereit seid, als christliche Eheleute Verantwortung in Kirche und Welt zu übernehmen. Ein hoher Anspruch, mit einem sehr menschenfreundlichen Einsatz einzulösen.

Gebet Jesus hat gesagt: „Ihr seid das Salz der Erde. Ihr seid das Licht der Welt." Darum bitten wir: Gott, unser Vater. Die Liebe überwinde in uns Trägheit und Gleichgültigkeit. Du traust dem wenigen, was wir geben können, viel zu. Im Vertrauen auf deine Macht wagen X und Y es, sich in der Ehe einander zu versprechen. Ihr Glück werde anderen zum Segen. Darum bitten wir durch Christus, unseren Herrn. *(variiert nach MB 319, Nr. 38)*

Lesung Mt 5,13–16

Predigt

Mit der Auswahl des Evangeliums habt ihr Mut bewiesen;
ein Abschnitt aus der Bergpredigt.
Die hat es in sich.
Habt ihr es noch im Ohr?
Selig die Armen, die Trauernden, die Gewaltlosen …
Wer seinem Bruder zürnt, soll dem Gericht verfallen sein …
Wenn dich dein rechtes Auge zum Bösen verführt,
dann reiß es aus und wirf es weg …
Dem, der dich auf die eine Wange schlägt,
halte auch die andere hin …
Liebt eure Feinde, und betet für die, die euch hassen …

Sammelt euch nicht Schätze hier auf Erden ...
Richtet nicht, damit ihr nicht gerichtet werdet ...
Diese Sätze findet man vor und nach unserem Text.
An ihrer Radikalität verzweifelt fast jeder.
Wie ist das lebbar?
Unsere Perikope wirkt auf den ersten Blick gefälliger,
doch das täuscht.
Ihr seid das Salz,
nicht Salz für den kleinen Kreis von Leuten, die ihr kennt,
Salz der Erde seid ihr.
Ihr seid das Licht,
nicht Licht eurer Familien,
Licht der Welt.
Obwohl an einem Hochzeitstag der Himmel voller Geigen hängt,
selbst an einem solchen Tag würde man sagen:
Lieber Jesus, nun mach mal halb lang.
Wir bringen gerade unser eigenes Leben auf die Reihe,
und du lädst uns als Mitgift zu unserer Hochzeit
gleich die Verantwortung für die ganze Welt auf.
Das ist zu extrem.
Der Evangelist Matthäus hat diese Aussprüche Jesu
zusammengestellt für eine Gemeinde
in extremen Zeiten.
Sie wurde verfolgt.
Als Christ war man sich seines Lebens nicht sicher.
Jetzt galt es,
im Angesicht stets drohenden Todes Farbe zu bekennen:
für oder gegen Christus.
Zu lieben, bedeutete nicht,
artig Nettigkeiten mit den Verwandten und Seinesgleichen
auszutauschen,
sondern, zu lieben hieß für die Gemeinde des Matthäus:
Wie kann ich als Christ
meinen Mitmenschen noch menschlich begegnen?
Und nicht an der Schraube von Hass und Gewalt drehen,
obwohl ich denunziert, eingekerkert und
zum Tode verurteilt werden kann?
Was sucht ein solcher Text in einer Hochzeitsfeier?
Wir haben kein Überlebenstraining zu absolvieren,

wir werden nicht verfolgt,
wir leben in relativer Sicherheit.
Also: Was soll's!?
Doch wirft gerade euer Hochzeitstag
auf die Bergpredigt ein neues Licht.
Das Schlüsselwort heißt auch hier: Liebe.
Betrachten wir die beiden Bilder, die Jesus gebraucht, genauer:
Salz – der Alptraum jeder Hausfrau,
dass sie die Menge nicht richtig dosiert,
ein paar Körnchen zuviel, und die Speise wird ungenießbar.
Licht – in einem absolut finsteren Raum
ein kleines Teelicht angezündet,
und der Ort ist nicht mehr dunkel.
Die Liebe ist Salz der Erde und Licht der Welt.
Einander liebende Menschen sind Salz und Licht.
Wie es beim Salz nur wenige Körner braucht,
um einer Speise Geschmack zu verleihen,
und wie beim Licht nur ein kurzer Docht mit etwas Wachs vonnöten ist,
so braucht diese Erde Menschen,
die mit und durch ihre Liebe
die Welt lebenswerter und menschlicher werden lassen.
Liebe, auch im geringsten, zieht immer weite Kreise:
Ein Lächeln lädt zu einer Erwiderung ein,
Gastfreundschaft schenkt Menschen Geborgenheit,
Ehrlichkeit schafft Vertrauen,
Menschenfreundlichkeit weckt alle Tugenden.
Salz der Erde zu sein, Licht für die Welt –
Liebe zu wagen, Treue zu versprechen, ein Leben lang.
In der Liebe ist scheinbar Weniges viel.

Fürbitten GL 789,2 *(außer den mit L gezeichneten Stellen)*

Schlussgebet Gott. Die Ehe von X und Y ermutige uns zu Liebe und Engagement für dein Reich des Friedens und der Liebe, wie es Jesus uns vorgelebt hat, der mit dir und dem Heiligen Geist lebt und herrscht in Ewigkeit.

typisch Frau – typisch Mann?!

Einführung Stehen große Entscheidungen an, finden sich viele, die dieses und jenes raten. Jeder schöpft aus seiner Lebenserfahrung. An eurem Hochzeitstag habt ihr euch Weisheiten aus dem Buch Jesus Sirach zu eigen gemacht. Wie finden Mann und Frau im Alltag zueinander?

Gebet Gütiger Gott.
X und Y versprechen sich heute die Treue. Beschenke sie mit den Gaben der Weisheit und der Einsicht, dass sie im Guten fördern, aus ihren Schwächen lernen und durch die Liebe reifen. Durch Christus, unseren Herrn.

Lesung Sir 26,1–4.13–16

Predigt
Jesus Sirach gehört nicht zu den bevorzugten Textlieferanten, wenn ein Paar nach einem Wort der Schrift sucht, das ihnen ihre Beziehung von Gott her ins rechte Licht rückt. Der Weisheitslehrer aus dem zweiten Jahrhundert vor Christus wird eher naserümpfend gemieden. Er trägt schwer an der Erblast einer jahrhundertealten Auslegungsgeschichte.

Besonders eines Verses wegen geriet Jesus Sirach in unseren Tagen in Verruf: „Von einer Frau nahm die Sünde ihren Anfang; ihretwegen müssen alle sterben." (25,4)

Ein geschickter Ausleger hätte leichtes Spiel: Diesen Satz zum Oberthema gemacht und dann sich diverse Rosinen aus den Versen dieses Buches herausgepickt, um die Herrschaft des Mannes über die Frau als gottgewollte Ordnung zu legitimieren.

So ist es geschehen. Schwer also, diesen Text unvoreingenommen zu hören. Schon anstößig zu hören ist es, dass die Person der

Frau allein in ihrer Tugend durch die Nützlichkeit für den Mann bestimmt wird.

Wohlweislich habt ihr aus dem 26. Kapitel die Verse 5–12 ausgelassen.

Hammerharte Frauenhäme. Kostproben daraus:

„Eine eifersüchtige Frau bringt Kummer und Betrübnis …
Großer Verdruss ist eine trunksüchtige Frau …
Die lüsterne Frau verrät sich durch ihren Augenaufschlag,
an ihren Wimpern wird sie erkannt …
Gegen eine schamlose Frau verstärke die Wache …“

Jesus Sirach hat in dieser Hinsicht vieles zu bieten:

„Kein Gift ist schlimmer als Schlangengift,
kein Zorn schlimmer als Frauenzorn.
Ein scheuerndes Ochsenjoch ist eine böse Frau …
Wie ein sandiger Aufstieg für die Füße eines Greises
ist eine zungenfertige Frau für einen stillen Mann.
… harte Knechtschaft und Schande ist es,
wenn eine Frau ihren Mann ernährt.“

Auch das ist Jesus Sirach. Patriarchalismus par excellence.

Darin eingewoben das Lob der tüchtigen Frau, ein guter Besitz ihres Mannes. Was stellen wir damit an?

Bevor sie später zu Hause ihre Bibel um ein paar Seiten erleichtern und den Jesus Sirach samt seinen Sprüchen durch den Reißwolf schicken, geben wir ihm eine Chance.

Den Frauen hat er den Schwarzen Peter zugespielt, darin ist er ganz gefangen in der gesellschaftlichen Rollenverteilung seiner Zeit und der Zeiten nach ihm. Aber auch den Männern gibt er Zunder. Er beklagt die Narrheiten und Torheiten der Männer ohne Weisheit.

Entkleiden wir die Verse von dem, wie Jesus Sirach meint, dass ein typischer Mann und eine typische Frau zu sein hat, erweist sich unser Weisheitslehrer als ein Mann von scharfer Beobachtungsgabe.

Wenn's um Beziehung geht, sülzt er nicht als Süßholzraspler den Verliebten um den Bart. Er beschreibt Alltag: Liebe, Zuneigung, Hingabe, Verständnis und auch Zorn, Eifersucht, Trunkenheit, Bosheit, Herrschsucht, Untreue, Neid.

Jesus Sirach beschreibt im Guten wie im Schlechten Alltagserfahrungen von Eheleuten. Er leitet seine Überlegungen zum Verhältnis von Mann und Frau so ein:

„Drei Dinge gefallen mir,
sie sind Gott und den Menschen angenehm: Eintracht unter Brüdern, Liebe zwischen Freunden, Mann und Frau, die einander verstehen." (25,1)

Weisheitslehrer wie Jesus Sirarch sind nüchtern. Liebe fließt nicht wie ein reiner Gebirgsbach. In der Liebe kann jede Untugend, gleich ob beim Mann oder bei der Frau, zu einem reichen Erfahrungsschatz werden.

Die Liebe lädt ein, sich einander zu öffnen und aneinander zu reifen. Mann und Frau lernen einander verstehen.

Fürbitten Gott, um die Gaben deines Geistes bitten wir für X und Y:

- Der Geist der Stärke lasse sie ihr Leben aus der Liebe heraus gestalten.
- Der Geist der Wahrheit erhalte sie in der Treue zu sich selbst.
- Der Geist des Gebetes verankere sie in dir.
- Der Geist des Trostes lasse sie Dürrezeiten überstehen.
- Der Geist der Freiheit lasse Menschen in ihrer Nähe aufatmen.
- Der Geist der Heiligkeit mache sie zu Zeugen deiner Gegenwart.
- Der Geist der Liebe halte sie lebendig.

Schlussgebet Allmächtiger Gott.
Deiner Liebe verdanken wir unser Leben. Das gemeinsame Leben von X und Y lenke in deiner Weisheit. Darum bitten wir durch Christus, unseren Herrn.

umsorgte Sorgen

Einführung Ein sorgenfreies Leben – dafür werben Urlaubsprospekte: Zwei Wochen ins Paradies. Keiner glaubt daran, das Paradies in die fünfzig übrigen Wochen des Jahres mitnehmen zu können. Nur Liebende wagen diesen Versuch. Ob er gelingt, das sei heute durchgespielt anhand einer Aufforderung Jesu, dass wir das Sorgen lassen sollen.

Gebet Gott, unser Vater.
Bewahre uns vor der Gier nach Reichtum und Macht. Gib, dass wir alles, was uns anvertraut ist, recht gebrauchen. Lehre uns, dass die Liebe unser größter Reichtum ist – die Liebe, die du uns schenkst und die wir einander erweisen. Das gewähre uns durch Jesus Christus.
(gekürzt nach MB 318 Nr. 37)

Lesung Lk 12,22–32

Predigt
Sorgt euch nicht!
Das hat was von flower-power und langmähnigen Hippies,
es passt in ein Aussteigercamp,
die wilden achtundsechziger …
Ihr sagt:
Sorgt euch nicht!,
das passt zu uns.
Sorgen hattet ihr, Sorgen habt ihr, Sorgen werden euch bleiben.
Sie sind leichter geworden.
Die Liebe, die euch verbindet, trägt,
macht es in allem Sorgen für jeden für euch
leichter, froher, liebenswerter.

Ihr hättet es nicht so erfahren,
hättet ihr euch nicht kennengelernt.
Für euch war es das.
Ihr seid bei dieser Predigt fein aus dem Schneider.
Was das Evangelium verheißt,
euch ist es Wirklichkeit geworden.
Jetzt bleibt es an uns hängen.
Was machen gute, wohlversorgte Bürger
mit diesem Traum von Sorglosigkeit?
Die Vögel des Himmels und die Blumen des Feldes
und die Sorge des himmlischen Vaters für alle und alles –
Jesus hat es wahrscheinlich denen erzählt,
die mit ihm umherzogen.
Sie hatten es getan:
Die Familien verlassen,
dem Reichtum ade gesagt,
Freunde zurückgelassen,
alles auf eine Karte gesetzt,
von der Hand in den Mund gelebt,
alles für diesen Jesus.
Morgens die Augen aufgeschlagen und nicht wissen,
was dieser Tag bringen mag.
Ob es einen Schlafplatz geben wird,
ob man sie zur Stadt hinausjagt;
genügend Essen, hoffentlich.
Den löchrigen, alten, verdreckten Überwurf
gegen ein gebrauchtes Kleid einzutauschen,
das wäre ein wahrer Glücksfall.
Dass da Angst aufbricht:
Mein Gott, ich habe nichts, ich gelte nichts,
das kann doch nicht gut gehen –
das kann man diesen Frauen und Männern im Gefolge Jesu
nicht verdenken.
Sorgt euch nicht!
Gott wird es schon richten.
Bisher ging es, morgen wird es gehen, übermorgen auch.
Gott sorgt für euch.
Das hat er getan, das wird er tun.
Kein Scheltwort Jesu:

Wie könnt ihr nur zweifeln, ihr schlapper Haufen.
Kein Wort davon.
Statt dessen immer wieder: Sorgt euch nicht!
Es wird schon.
Das vertreibt die Angst.
Mit der Angst geht die Sorge.
Matthäus sagt dieses Wort Jesu seiner Gemeinde.
Die Christen ziehen nicht mehr umher.
Ein Häuschen, ein Beruf,
Kinder, für die muss man sorgen,
Werte schaffen, Versicherungen abschließen, arbeiten.
Ein schlechter Christ, der anders handelte.
Matthäus hat bei seinen Leuten das mulmige Gefühl:
Mit dem Sorgen kommt die Angst zurück.
Da ist nicht mehr viel geblieben von der Glaubenskraft,
der Radikalität und Sorglosigkeit derjenigen,
die mit Jesus oder nach ihm in seinem Namen umherzogen,
das Evangelium verkündend.
Gebotene Fürsorge, dagegen ist nichts zu sagen.
Die Angst kommt, wenn man zu knapp bei Kasse ist,
wenn es vorn und hinten nicht reicht.
Da sitzt man des nachts im Bett
und ängstigt sich um den nächsten Tag.
Da braucht es konkrete Hilfe;
fehlt sie, wenigstens einen langen Atem
in der Hoffnung auf bessere Zeiten.
Erst dann kann die Angst gehen.
Sorgt euch nicht!
Die Frage an uns:
Brauche ich das wirklich, um was ich mir solche Sorgen mache?
Ich japse mir die Seele aus dem Hals
und kriege einen Herzkasper
und zum Schluss muss ich mir sagen:
Das war es nicht wert gewesen.
In rase in meinem Hamsterrad,
ohne von der Stelle zu kommen, eine richtige Tretmühle.
Ich hätte das Rad anhalten können,
bin aber vor lauter Treten gar nicht auf den Gedanken gekommen,
dass es auch anders ginge.

Geschafft bis zum Umfallen,
mit dem bitteren Gefühl, nicht gelebt zu haben.
Das Wort Jesu ist keine Gebrauchsanweisung
zur Vermehrung von Freizeit und Urlaubstagen.
Eher ein Anlass,
unser Sorgen auf den Prüfstand zu stellen.
Bei Diagnose „Sorgen aus Angst“ sich fragen:
Berechtigt? Oder ist die Mücke zum Elephanten mutiert?
Der Clou bei der Sache:
Das Entscheidende kann man nicht machen,
dass ein Mensch da ist, der mich liebt.
Sorgt euch nicht! heißt:
Gott nicht arbeitslos werden lassen.
Dass unser Leben gelingt, liegt nur zum Teil in unserer Hand.
Je mehr Gott seine Finger dabei im Spiel hat,
desto besser für uns.

Fürbitten Vater, wir bitten dich:

- In allem Sorgen um ein besonnenes Urteil, was der Sorge wert ist.
- Um ein Gespür für die Not der Menschen um uns.
- Um die Bereitschaft, sich Sorgende mitzutragen.
- Für X und Y Gottvertrauen und gute Menschen, die um sie in Sorge sind.

Schlussgebet Gott. Du weißt, was wir zum Leben nötig haben. Lass uns in aller Not deine Hilfe erfahren und in guten Zeiten die nicht vergessen, die unserer Hilfe bedürfen. Durch Christus, unseren Herrn.

vertrauen und hoffen

Einführung Liebe lässt sich nicht schlüssig definieren wie ein Begriff im Lexikon. Liebe verlangt als Sprache die Poesie und als Klang Musik. Wer von Liebe spricht, darf von Vertrauen nicht schweigen. Ein Zwillingspaar.

Gebet Gott, unser Vater.
Wir danken dir, dass du für uns da bist. Hilf X und Y und uns allen, für dich zu leben und für die Menschen, in denen du uns begegnest. Darum bitten wir durch Jesus Christus.
(variiert nach MB 318 Nr. 35)

Lesung Röm 15,1b–3a.5–7.13

Text vor der Predigt
Vertrauen
von Wilhelm Bruners

im schnee
an die
kraft
der krokusse
glauben

unter alter
haut
den neuen
menschen wachsen
lassen

im dämon
der nacht
den engel

spüren
im fallen
auf seine
großen hände
hoffen

Predigt

vertrauen
unglaube
hieße
mißtrauen

unter eis
das zarte grün
der hoffnung
begraben

im fluß der
zeit
nur die
ewige wiederkehr
des
gleichen
erwarten

des nachts
sich in der
angst
vergraben

gefallen
nicht mehr
ans aufstehen
denken

mißtrauen

warum Vertrauen wagen
statt Misstrauen hegen?
Um unserer selbst willen.
Der Schnee,

das Alter,
die Nacht,
das Fallen –
das allein kann doch nicht unser Leben sein!
Gibt es nichts mehr zu hoffen,
was lohnte es sich dann zu leben?
Misstrauen läutet das Sterben ein.
Vertrauen wagen schafft Spielraum zum Leben.
Das Hebräische übersetzt Glauben mit Vertrauen.
Vertrauen heißt Leben.
Hoffen heißt Lieben.

„im schnee
an die
kraft
der krokusse
glauben

unter alter
haut
den neuen
menschen wachsen
lassen

im dämon
der nacht
den engel
spüren
im fallen
auf seine
großen hände
hoffen“

Fürbitten

Für X und Y und alle Liebenden lasst uns Gott, den Herrn, bitten:

- Ihre Liebe lehre sie glauben, vertrauen, hoffen.
- Ihr Glaube lasse sie stets mehr vertrauen und hoffen, als die Umstände es zulassen.
- Ihr Vertrauen werde anderen Menschen zu einem ermutigenden Zeichen der Hoffnung.
- Ihre Hoffnung wecke in ihnen die Sehnsucht nach einer Liebe, die kein Maß kennt, nach der deinen.

Schlussgebet

Gott. Der Glaube an dich lehrt uns zu vertrauen. Das Vertrauen auf dich lässt uns hoffen. Die Hoffnung auf dich lässt uns unser Leben bestehen. Alle drei sind Haltungen, die aus der Liebe erwachsen. Lass uns wachsen in der Liebe durch Christus, unseren Herrn.

zur Freiheit gebunden

Einführung Widersprüche quälen. Aufgelöst werden sollen sie, so schnell es geht. Die Liebe hält den scheinbaren Widerspruch zwischen Freiheit und Bindung aus. Lebensnotwendig, sich in diese Spannung zu stellen und spannend zu leben.

Gebet Gott. X und Y binden sich. Dich nehmen sie mit in ihren Bund. Schenke ihnen in ihrer Ehe die Freiheit zu sich selbst, befreie sie von allem Lebensfeindlichen und entbinde in ihnen die Bereitschaft, die Not anderer zu lindern. Durch Christus, unseren Herrn.

Lesung 1 Joh 4,7–16a

Predigt
Wir Menschen sind widersprüchliche Wesen.
Allein auf uns gestellt, sind wir aufgeschmissen.
Nicht nur, dass wir in zig Kleinigkeiten des Alltags
die praktische Hilfe anderer Menschen benötigen.
Wir brauchen geduldige Zuhörer, vertrauenswürdige Ratgeber,
Menschen, die einfach da sind, und zärtliche Hände.
Vermisst einer über längere Zeit
ein Minimum an menschlicher Zuwendung,
kann er im wahrsten Sinne des Wortes eingehen.
Es ist eine Frage des Überlebens,
wie man die menschliche Gemeinschaft findet,
in der man sich geborgen fühlt.
Und es ist ein nicht selbstverständliches Glück,
dem Menschen zu begegnen,
dem man sich mit Haut und Haar verschreiben kann.
Kein Leben ohne menschliche Beziehung;

perfekt wird die Sache dann,
wenn man zu einem Menschen sagt:
Du bist mein Leben.
Durch, mit und in dir lebe ich.
Liebe.
Doch Vorsicht!
Da lauert eine gefährliche Schlinge,
an der sich die Liebe strangulieren könnte.
Die Angst,
die Angst um's eigene Leben.
Wenn man schon alles auf eine Karte setzt,
dann braucht es Sicherheit,
dass der andere auch Teil meines Lebens bleibt.
Ohne dich kein Leben.
Ich brauche dich.
Du gehörst mir.
Aus Bindung wird Gefangenschaft,
aus Eheringen Fesseln,
aus Liebe Eifersucht,
aus gemeinsamem Leben ein sich Quälen.
Auf der Strecke bleibt die Liebe.
Mindestens einem in der Zweierbeziehung
ginge mit der Zeit die Luft aus.
Ein kluger Rat also von Kahlil Gibran:
„Laßt Raum zwischen euch.
Zwischen euch laßt Himmel und Wind tanzen,
zwischen den Ufern eurer Seele wogendes Liebesmeer."
Die Heilige Schrift führt diesen Gedanken tiefer.
Es erzeugt ein unterschiedliches Bewusstsein,
wenn ich einen Menschen nach meinen eigenen Maßstäben beurteile
und mir ein Bild von ihm mache,
was meinen Bedürfnissen entspricht,
oder wenn ich ihn von Gott her betrachte.
Von Gott gewollt,
von Gott geliebt,
nach seinem Bild geschaffen, wie auch ich,
eine Person von unveräußerlicher Würde,
ein Mensch, über den ich keine Verfügungsgewalt habe,

eine Kostbarkeit.
In der Taufe wird deutlich:
Dieser Mensch gehört Gott.
Nicht den Eltern.
Gott schenkt den Eltern ihr Kind.
Es ist Geschenk, nicht Besitz.

Ihr habt es nicht
bei der standesamtlichen Hochzeit bewenden lassen.
Ihr seid vor Gott hingetreten, um euch das Ja-Wort zu geben.
Es ist ein Bewusstseinsunterschied,
ob ich sage: Wir haben uns gefunden,
oder: Gott hat uns einander geschenkt.
Da atmet Freiheit,
da kann man sich binden, ohne sich zu versklaven.
Das kann zur Lebenshaltung werden:
Meine Zeit, mein Atem, meine Gesundheit, meine Freude,
mein Leid, mein ganzes Leben –
Gabe, Geschenk Gottes.
In diesem Bewusstsein des Glaubens wird Gott
der Garant eurer Liebe sein.
Wenn ihr in euch und unter euch diesen Glauben lebendig haltet,
bewahrt ihr euch eine lebendige Liebe.

Text nach der Predigt
Von der Ehe
von Kahlil Gibran

Und wieder ergriff Almitra das Wort und sprach:
„Und wie ist es um die Ehe, Meister?"
Und er antwortete also:
Vereint seid ihr geboren, und vereint sollt ihr bleiben immerdar.
Ihr bleibt vereint, wenn die weißen Flügel des Todes eure Tage scheiden.
Wahrlich, ihr bleibt vereint, selbst im Schweigen von Gottes Gedenken.
Doch lasset Raum zwischen eurem Beieinandersein.
Und lasset Wind und Himmel tanzen zwischen euch.
Liebet einander, doch macht die Liebe nicht zur Fessel:

Schaffet eher daraus ein webendes Meer zwischen den Ufern eurer Seele.
Füllet einander den Kelch, doch trinket nicht aus einem Kelche.
Gebet einander von eurem Brote, doch esset nicht vom gleichen Laibe.
Singet und tanzet zusammen und seid fröhlich, doch lasset jeden von euch allein sein.
Gleich wie die Saiten einer Laute allein sind, erbeben sie auch von derselben Musik.
Gebet einander eure Herzen, doch nicht in des anderen Verwahr.
Denn nur die Hand des Lebens vermag eure Herzen zu fassen.
Und stehet beieinander, doch nicht zu nahe beieinander
Denn die Säulen des Tempels stehen einzeln,
und Eichbaum und Zypresse wachsen nicht im gegenseit'gen Schatten.

Schlussgebet Gott. Du erinnerst uns Menschen an das, was uns nötig ist, damit wir Menschen werden. Halte uns in der Liebe und der Distanz, lass uns einander erkennen und das nicht Erkannte respektieren, einer diene dem anderen, keiner herrsche über den anderen. Das erbitten wir für X und Y und einen jeden von uns, durch Christus, unseren Herrn.

Die Reihe „Konkrete Liturgie“ bei Pustet:

Stefan Anzinger/Marcus Lautenbacher: Zwei mal zehn Familiengottesdienste
2. Auflage, 208 Seiten, kart., ISBN 3-7917-1612-3

Anton Dinzinger/Heidi Ehlen: Gottes bunter Regenbogen
Thematische Gottesdienste im Jahreskreis für Schule und Gemeinde
204 Seiten, 24 Abb., Lieder, kart., ISBN 3-7917-1733-2

Gabriele Domaschka-Schötz/Petra Löw/Susanna Nickl:
Aus dem Mund der Kinder erschaffst du dir Lob
Gottesdienste mit Kindergartenkindern
111 Seiten, 3 Abb., Lieder, Bastelanleitungen, kart., ISBN 3-7917-1735-9

Es muss nicht immer „Messe“ sein. Gottesdienstformen im Kirchenjahr
Zsgst. von Guido Fuchs, 2. Auflage, 149 Seiten, kart., ISBN 3-7917-1668-9

Werner Eizinger: Auf dem Weg zu Gott. Maiandachten
3. Auflage, 88 Seiten, kart., ISBN 3-7917-1497-X
Gemeindeheft mit Wechselgebeten und Liedern
20 Seiten, kart., ISBN 3-7917-1711-1

Guido Fuchs (Hg.): sinnenfällig. Eucharistie erleben
165 Seiten, kart., ISBN 3-7917-1830-4

Guido Fuchs (Hg.): zeitgemäß. Dem Kirchenjahr Klang und Farbe geben
168 Seiten, kart., ISBN 3-7917-1810-X

Marina Gebhard: Kleinkinder-Gottesdienste
12 Modelle von Januar bis Dezember
111 Seiten, 12 Abb., Lieder, kart., ISBN 3-7917-1613-1

Max Huber: Ostern – Erinnerung an unsere Zukunft
Gründonnerstag – Karfreitag – Ostern
128 Seiten, kart., ISBN 3-7917-1800-2

Gepriesen bist du, Herr.
Gebete für Wortgottesdienste mit Kommunionspendung
99 Seiten, kart., ISBN 3-7917-1726-X

Manfred Hanglberger: Leben in Fülle
Thematische Wortgottesdienste
112 Seiten, kart., ISBN 3-7917-1879-7